JN410726

연주 | 서울바로크싱어즈 지휘 | 강기성

작곡가 진정숙 권기현 김대웅 오숙자 김수진 김종덕 김국진 정덕기 한성훈 최현석 한정임 이민수 태 미 한경훈 박이제

작사가 박영만 김연하 박원혜 조일규 이대의 조병기 장미숙 노유섭 신충훈 전산우 이향아 신영옥 성승부 윤연모 권혁수

2011년 9월 19일(월) 오후7시30분

중앙대학교 아트센터 대극장 (7호선 상도역 5번출구)

주최_ 한국작곡가회 · 한국가곡작사가협회 (http://www.jaksaga.net)

후원_ 사) 한국음악저작권협회 · 국제레코딩

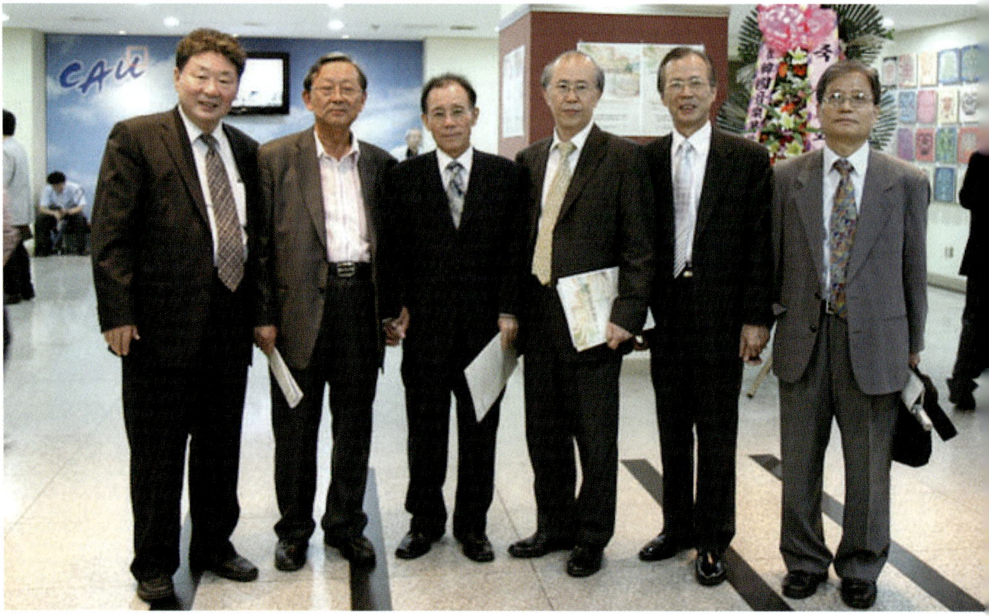

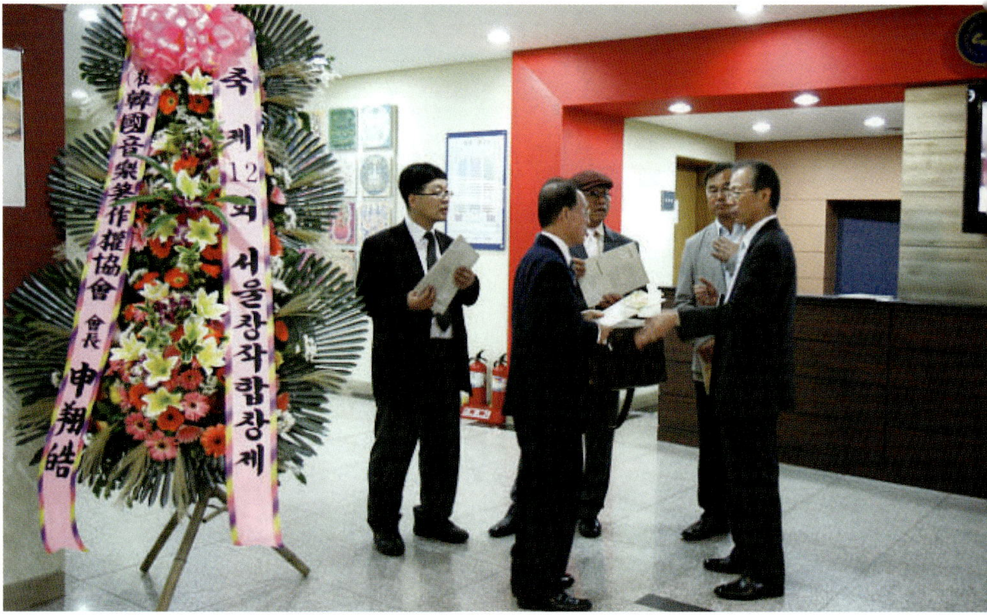

축 제12회 서울창작합창제
(社)韓國音樂著作權協會 會長 申翔皓

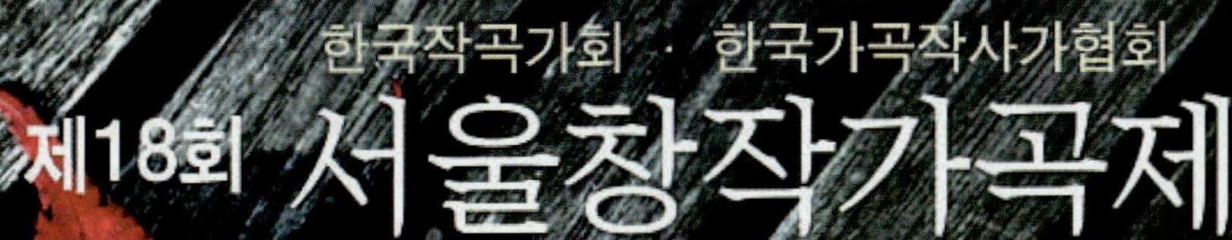

작곡가 이승희 김성덕 고승익 김수호 박이제 정덕기 권기현 최현석 이재석
김현지 이성하 정재윤 백승태 이래근 길정배 최경희 이철웅 김진우

작사가 이향아 이대의 김행숙 송문헌 이난오 이영린 전재승 권혁수 남유정
신상철 김연하 성승부 김두녀 전성규 김현옥 박원혜 박달목 이광녕

연주 : Sop.오세영, 김정연 M.sop.서윤진 Ten.강창련 Bar.장유상, 장동일
Piano.김민지, 손영경

2011년 10월 27일(목) 오후7시30분

Arte TV 연주홀 (2.6호선 합정역 7번 출구)

주최 _ 한국작곡가회 · 한국가곡작사가협회 (http://www.jaksaga.net)
후원 _ 사) 한국음악저작권협회 · 국제레코딩

2011

시는 노래가 되어

노래시집 제19집

한국가곡작사가협회

노래시집「시는 노래가 되어」제19집 발간에 즈음하여

유난히 비가 많이 내린 긴긴 여름이 지나고 가을에서야 노래시 모집을 마감하고 올해의 노래시집「시는 노래가 되어」제19집은 가을이 저물녘에야 발간하게 되었습니다. 노래시집을 기다리시는 많은 순수음악 작곡가 여러분에게 대단히 미안한 마음입니다. 연간으로 발행하는 노래시집「시는 노래가되어」는 순수음악을 전공하시는 음악대학교 교수들과 작곡가들에게 노래시를 제공함으로서 신작가곡 탄생에 크게 기여 할 수 있으리라 다시 한 번 기대를 해 봅니다.

우리민족의 순수한 감성을 가곡으로 작곡할 수 있는 노래시를 해마다 제공함으로서 아름다운 신작가곡이 끊임없이 탄생함은 물론 국민들이 더 많은 가곡을 만날 수 있을 것을 기대하며 함께 기뻐하지 않을 수 없습니다. 마감 연장일이 지나도록 원고 제출이 늦어 참여하지 못하신 회원 여러분에겐 아쉬움이 많지만 더 좋은 노래시로 다음 노래시집에 모두 참여 하실 수 있으시길 기대하며 위로의 말씀을 드립니다. 노래시집「시는 노래가 되어」는 해마다 더 좋은 노래시집으로 태어날 것이며 더 많은 이들이 애창하는 가곡으로 끊임없이 발표될 것입니다.

노래시집「시는 노래가 되어」제19집을 통해 작곡되는 신작가곡이 온 국민의 정서순화와 마음의 위안을 줄 수 있는 양식이 될 수 있길 우리 모두는 소망 합니다. 21년의 역사와 전통을 이어온 대한민국 유일의 가곡작사가 단체인 「한국가곡작사가협회」는 한국의 창작가곡을 위해 더욱 빛나는 단체가 될 수 있도록 협회 시인들은 쉬지 않고 치열하게 노래시를 쓸 것입니다. 노래시집 「시는 노래가 되어」 제19집을 만나시는 대한민국 작곡가 여러분의 빛나는 작곡을 기원합니다. 회원 여러분 모두 건강하시고 건필 하시기 바랍니다.

2011년 가을날

한국가곡작사가협회 회장 송 문 헌

목 차

그 길 외 2편

권 혁 수

1.
어린시절 그 길, 마실가던 밤길
징검다리 건너건너 함께 걷던 그 아이
이제는 누구와 함께 걷고 있을까

하하 호호 하하 호호…
웃음꽃 피던 박꽃마을
달님이 밝혀주던 오솔길
즐겁고 다정한 정담
오늘은 누구 귀를 빌리고 있을까

2.
소풍 가던 그 날, 꿈 많던 가을날
코스모스 입에 물고 어깨동무 내 동무
지금은 어디서 뛰놀고 있을까

하하 호호 하하 호호…
달처럼 환한 그 얼굴
별처럼 반짝이던 그 눈빛
꽃내음 향긋한 미소
오늘밤 누구와 꿈꾸고 있을까

※ 시작 노트
어린시절 이웃마을에 놀러 다니고
소풍 다니던 시절이 그립습니다.
그때 그 사람들 지금 무엇을 하며
어디서 살고 있을까?

시골길 가로등

그게 바로
너였어
너의 진실이었어

오늘도 어제처럼 걷는 그 길에 저렇게
누구를 기다리며 서있는 너
아무도 걷지 않는
기억 속의 길 기억 밖의 길

그래 거기 시골 길모퉁이에 그렇게 서있게
나는 버스 타고 도시로 떠나네

그런데 아파트 입구 거기 서있는
너는 또 누구야?
말해봐
누구라고? 어서 나와 보라고?

그래 알았어
길이 너무 눈 부시네 전등갓 좀 내려주시게
안개 낀 새벽길 네가 떠난 길
그리움 하얗게 가로등 밝히고
고개 들고 서있는

그게 바로

나였어

나의 진실이었어

※ 시작 노트 : 시외버스를 타고 여행을 다니다보면 저녁 무렵 시골길에 홀로 서있는 가로등이 나인 것만 같았습니다. 누군가 떠난 길. 그 길에서 누군가를 기다리는 외로운 가로등. 그 가로등이 여행을 끝내고 돌아온 아파트 앞에 따라와 서있네요. 길은 어디나 통해 있고 누군가를 기다리는 가로등은 내 앞에 있네요. 그런데 그 누군가가 누구인지 생각이 나지를 않네요.

결혼 축하해

1.
축하, 결혼 축하해
이 세상에서 가장 멋진 친구야

(짝. 짝. 짝.)
용감하고 멋지게 살아라
멋지고 용감하게 살아라

2.
축하, 결혼 축하해
이 세상에서 가장 예쁜 신부야

(짝. 짝. 짝)
행복하고 예쁘게 살아라
예쁘고 행복하게 살아라

3.
축하, 결혼 축하해
영원히 사랑하며 노래하자
영원히 노래하며 사랑하자

* 시작 노트 : 결혼식장에 가면 이렇다하게 신랑 신부에게 친구들이 합창으로 축하노래를 불러주는 것을 보지 못했습니다. 우정어린 결혼 풍속을 간단히 하나 만들어보고 싶네요. 1절은 남성, 2절은 여성, 후렴은 남녀 혼성으로 하면 어떨까요.

권 혁 수

강원일보 신춘문예 소설 당선, 계간 〈미네르바〉 시 등단, 서울문화재단 2009 젊은예술가지원 (시)선정, 시집 『빵나무아래』, (사)한국현대시인협회 2010 작품상 공동수상, 한국가곡작사가협회 사무국장

H.P : 010-8218-9667 E-mail : kwon1206@hiramail.net

주소 : 130-040 서울 관악구 대학동 1703-1 건영3차A 2동 112호

섬진강의 봄 외 4편

김 두 녀

1.
섬진강 물길 따라 봄맞이 간다네
지리산 골바람에 피어나는 산동마을
하늘에서 놀러온 노랑별들이
캉캉춤을 추는가
이산 저산 얼음발로 꽃불을 댕기네
아, 산수유 꽃향에 취해 온밤 지새는
산마루에 걸린 달 새벽 조각달

2.
섬진강 뱃길 따라 꽃놀이 간다네
맵찬 강바람에 눈 뜨는 매화마을
백사장 지나치던 버선발 강물은
비단자락 휘감고서
이 마을 저 마을 춤사위를 벌이네
아, 청매화에 출렁이는 강마을 사람들
마주보며 웃네 꽃이 되어 손 잡네

자 목 련

1.
잿빛 하늘문 스르렁 빠져나와
성급히 마른 껍질 쪼던 너
매운 바람결에 떨어질 듯 말 듯
나뭇가지 그네를 타던 작은 새야

쪽빛 비단 폭 켜켜로 늘어뜨린
별빛도 고운 초저녁 하늘가
초승달 입에 물고 날아갈 듯 말 듯
춤사위 벌이던 어여쁜 새야, 새야

2.
햇살은 나비처럼 살포시 날아들어
가지 끝마다 사랑이 부푼다
연둣빛 바람결에 스치던 뽀얀 속살
구애하는 몸짓 스스럼이 없구나

전동차 안 앳된 사내 끌어안고
도톰한 입술로 눈 감아버리는
미울 것도 이쁠 것도 없는 너는
지체 높은 새악시가 아니었는가

바람꽃

1
새하얀 저 벚꽃 좀 봐
펴엉펴엉 터지는
차마 눈 못 뜨겠네
오오라
겨울잠에서 깨어난 봄바람이
밤새 팝콘을 튀겼구나
손 붙잡고 오가는 소란스런 사람들
저 바삭하고 고소한 웃음소리

2
빛 부신 저 꽃잎 좀 봐
바랑바랑 바람꽃
살포시 내려앉는 저 몸짓
나비춤이네
축복으로 쏟아지는 나비 떼
바람에 맡기면 나도 저 나비 될까
바람꽃이고 싶네
고운 빛 그대로 나비춤 바람꽃

비의 날에

1.
안개비 소리없이 내리고
봄날은 밤처럼 어두워지는데

지난 겨울
뱃머리에 부서지던 얼음조각들
남이장군의 넋이 되어
새하얀 수련으로 두런두런 피어나던
그 섬에 가고 싶네
봄비 내리는 이런 날에는

2.
안개비 소리없이 내리고
봄날은 밤처럼 어두워지는데

호수에 나가
비에 젖은 쳐진 꽃잎 세워 주고
자작나무 숲 찻집에서
꿈결 같은 얘기 두런두런 피어나는
그 섬에 살고 싶네
봄비 내리는 이런 날에는

어머니 나무

물소리 새소리도 얼어붙은 겨울 산
마른 잎 달고 숲길 에돌아 산허리 넘노라면
소슬한 바람결에 묻어오는 울음소리
돌아보고 또 돌아봐도 떠나야 할 길목에서
바람둥지 끌어안고 새끼 보듬어 안던
붉게 타는 그리움 노을 속 내 어머니

싸락눈 몰아치는 참나무숲길 돌아서면
세찬 바람결에 묻어오는 그리운 노래
너는 언제 올래 너는 언제나 돌아올래
돌아보고 또 돌아봐도 떠나야 할 길목에서
떨어진 잎새 허공 날아 온 산을 흔드네
새봄 어깨 흔들어 깨우는 어머니의 노래

김두녀

전북 부안 출생. 1997년 문학공간으로 등단, 한국시인협회, 한국작가회의 회원. 한국문인협회 경기지회 상임이사. 작가연대, 상황문학 편집위원. 서울시 문학상. 경기도 문학상 본상 수상. 시집 : 『여자가 씨를 뿌린다』, 『삐비꽃이 비상한다』 외, 공저 『어둠이 씨를 뿌린다』 등
H.P : 010-7765-2916 E-mail : doonye@hanmail.net
주소 : 412-738 고양시 덕양구 화정동 은빛마을 512동 203호

사랑의 촛불 외 2편

김 연 하

구름이 빛을 가려 어둠이 밀려오면
그대를 위해 내 안의 촛불을 피우려네.
날 태우던 불꽃이 은은하게 타 오르면
식지 않는 사랑으로 불을 지피려네.
오늘도 잠 못 이루고 어두움 지새우며
그대위해 꺼지지 않는 촛불을 피우리.

구름이 해를 가려 어둠이 밀려오면
당신을 위해 내 안의 촛불을 피우려네.
날 태우던 불꽃이 조용하게 타 오르면
식지 않는 사랑으로 불을 지피려네.
오늘도 잠 못 이루고 어두움 지새우며
그대위해 꺼지지 않는 촛불을 피우리.

꽃 길

봄바람은 아지랑이 아롱대는 거리에
붉은 가슴 옷고름 풀어 꽃으로 피고
다정하게 어깨를 나란히 걸어가면
함께 동화 되어 마음속으로 젖어드네.
미소 지으며 바람에 흔들리는 꽃길
아름다운 축복 속에 활짝 꽃이 피리.

솔바람은 아지랑이 아롱대는 거리에
푸른 가슴 옷고름 풀어 꽃으로 피고
다정하게 어깨를 나란히 걸어가면
함께 동화 되어 마음속으로 젖어드네.
미소 지으며 바람에 흔들리는 꽃길
아름다운 축복 속에 활짝 꽃이 피리.

행복한 사람

눈부신 햇살이 비추어 눈을 떴을 때
내게 사랑을 주신 그대 소중한 사람
만나면 설레고 헤어지면 보고픈 그대
함께 있을 수 있는 나는 행복합니다.
아직 바람결에 느낄 수 있는 아름다움에
당신을 사랑할 수 있어 행복합니다.

눈부신 햇살이 간질여 눈을 떴을 때
내게 사랑을 주신 당신 소중한 사람
만나면 설레고 헤어지면 보고픈 당신
함께 있을 수 있는 나는 행복합니다.
아직 바람결에 느낄 수 있는 아름다움에
당신을 사랑할 수 있어 행복합니다.

김 연 하

월간 문예사조 등단, 한국현대시인협회, 한국문인협회, 한국자유시인협회, 한국사진작가협회, 한국가곡작사가협회 이사, (주)성전엔지니어링 부사장. 시집 「깨어나는 산」.

H.P : 011-717-9078　E-mail : godamkim@hanmail.net

주소 : 137-780 서울 서초구 서초4동 1687 유원서초A 101동 1104호

무지개 새 외 4편

김 철 교

잠이 들면 언제나 바닷가로 달려갑니다.
그곳엔 갈대 울음을 먹고 피어나는
아름다운 무지개가 기다리고 있지요.
거기 둥지를 튼 나의 작은 새 한 마리

만선의 불빛이 손을 흔들어 불러도
파도가 멍석말이로 달려와 위협해도
세상으로 날개를 펴지 않네요.
오직 수평선 너머 영원을 꿈 꿀 뿐이지요.

그대에게 다가갈수록 더욱 멀어지는
무지개 끝자락에 아로새겨진 나의 사랑
그대를 향한 해당화 꽃으로 피어나
천국의 정원에 세워질 노래비가 되리다.

전설 속에 핀 꽃

사랑하는 이의 눈동자를 깊이 들여다보면
언제나 눈부시게 피어있는 꽃
바람이 고운 모래로 만드는 아름다운 구릉
거기 신기루 속에 피어나는 꽃

머리에 꽂으면 먼 길 떠난
내님이 속히 돌아 오신다기에
양치기 소녀는 그 꽃을 찾아
사막을 헤매다 모래언덕에 묻혔지요.

검은 눈동자에 맺힌 마지막 눈물방울이
한 송이의 흰 꽃으로 피어났어요.
사랑하는 이의 눈동자 속에서
사랑하는 사람만이 볼 수 있는 꽃.

산수유꽃 피는 마을

어릴 적 꿈이 아지랑이로 피어나는
골짜기마다 봄마다 우리들 가슴마다
펼쳐지는 꿈결같은 비밀스런 정원에
누군가 온통 노란 물감을 부어 놓았네.

춘삼월 거기에 가시면 잊고 지내던
당신의 어리디 어린 마음 찾을 수 있어요
징검다리 폴짝폴짝 뛰며 건너던
물위에 비치는 맑은 사랑을 만날 수 있어요

새싹 꿈들이 무성한 골짜기
우리 모두가 봄마다 찾아나서는 것은
나이가 들수록 마음의 고향
유년의 꽃밭이 그리워서 이지요.

에스프레소를 마시는 여인

아침 햇살 곰살궂은 창가에서 마시는
그녀의 빛깔은, 한 방울만 찻잔에 닿아도
황홀한 무늬로 퍼져 나가며
갈색 향기 꽃 한송이 꿈속에 피워낸다.

짙은 갈색 작은 거품마다에는
그녀 입술이 얼비친다, 일상의 빛깔로.
햇살 자락에 매달아 하늘로 올리는 기도
등 뒤로 길게 늘어진 그림자에는
왜 사랑보다 슬픔이 많은가

커튼을 툭툭쳐 햇살을 털어내고
세상으로 열린, 마음의 문을 닫는다
오직 영혼 깊은 곳, 맑은 샘물을 길어서
향기로운 커피 한잔의 사랑을 꿈꿀 뿐이다.

겨울 여인의 전설

화려한 둥지에서 갓 부화한 나의 새 한마리
처음 비상에서 매서운 바람에 날개가 찢겨
세상에 꿈을 펼치지도 못하고
흰 눈 속에 묻혀 사랑의 씨앗이 되었네

억척스레 보이려 불끈 주먹을 쥐어 보지만
모래처럼 소리소문없이 흘러내려
손바닥에 부스러기 몇 알로 남는 꿈, 그러나
혹독한 겨울이 지나면 싹을 틔우리

사랑의 꿈이 용트림하는 그대 품속에선
언제나 모락모락 정겨운 내음 피어올라
그 가슴에, 그대 향한 나의 꿈 둥지를 틀어
새빨간 장미 한송이 피워 올려야 겠네.

김 철 교

기독신춘문예 및 월간시문학으로 등단, 시집 '뼛속에 부는 바람(2002)', '사랑의 보부상(2004)', '달빛나무(2006)', '나는 어디에 있는가(2009)' 수필집 '사랑나무숲에서 부자꿈꾸기(2002)', '경영의 샘(2010)', 현재 배재대학교 경영대학장. 국제PEN클럽, 한국문인협회, 한국시문학 아카데미 회원

H.P : 010-9253-4985 E-mail : kyokim@chol.com
주소 : 158-773 서울 양천구 신정6동 목동A 1303-705

언덕위의 바다 외 2편

김 행 숙

보리밭 언덕 위로 펼쳐진 바다
보리물이 배어 더욱 파랗다
가물어도 보리밭은 걱정 없겠다
출렁이는 물결을 이고 있으니
푸른 언덕 위엔 점점이 구름인 듯
조심스레 가끔씩 구르는 파도
보리밭에서 날아오른 새 한 마리
망망대해를 나룻배처럼 떠간다
수평선이 한 걸음 뒤로 물러선다.

노래하는 새처럼

이제는 말을
골라 하고 싶다

함부로 뱉어낸 어휘들
아프게 떠다니는 지난 날
속죄하며 돌려받고 싶다

스스로도 알게 모르게
찌르고 상처내며
피 흘리면서
화살을 쏘아댔지

단 하나의 노래로만
지저귀는 새는
얼마나 은혜로운가

마음을 담은
그 한 마디
잘 익은 말로 노래하는
새가 되고 싶다.

모닥불

타오르는 불꽃을 보고 있으면
그 적막 속으로 들어가고 싶다
활활 소리내어 불길 솟으면
숨었던 그리움 아프게 덧나고
젊은 날 옛사랑도 걸어나온다
지금은 재가 되어 잊혀진 눈빛
매캐한 연기로 목이 아려와도
검은 바다는 잠들어 있을 뿐
불꽃은 성난 파도처럼 타오른다
누군들 사랑하고 싶지 않으랴
송진냄새 상큼한 가슴까지 타들어
탁탁 소리치는 모닥불 앞에서
나는 나를 당겨 불을 붙인다
요염한 꽃처럼 피어나는 잉걸불
선홍색 화려한 유혹속으로
차가운 밤하늘이 녹아내린다.

김 행 숙

경기도 파주 출생, 1995년 시문학으로 등단, 이화여대 졸업. 한국현대시인협회, 한국문인협회, 국제펜클럽 한국본부, 한국여성문인회, 한국기독교문인협회, 이대동창 문인회 회원. 제28회 한국기독교 문학상 수상, 시집 『유리창 나비』, 『햇살 한줌』 『볼륨을 높일까요』

H.P : 010-6557-3185 E-mail : poetworld@hanmail.net

주소 : 446-913 용인시 수지구 성복동 성복자이 2차 208동 1404호

하늘땅 외 4편

김 현 옥

당신은 남자 나는 여자
남자는 본능
사랑이 식으면 책임이 없어요
여자는 독염
상냥한 듯 제 속 챙기기만 해요

당신은 하늘 나는 땅
하늘은 산성
귀히 여기고 돌보아요
땅은 면류관
현숙하고 부지런해요.

편 지

내 마음을 받아 주세요
그리움입니다

내 말을 들어 주세요
당신께만 말하고 싶어요

마음을 얻고 싶어요
당신을 만나고 싶어요.

구름꽃

산에 피는 꽃 있고
강에 피는 꽃 있는데

하늘에 피는 꽃은
한으로 피는 구름꽃

바람에 흘러
비 되어
어머니의 품
고향으로 돌아가는 귀천

여의는 두려움
부모는 하늘이라

슬하에서 한 평생 살 것을
어른으로 자라지 말 것을

하수오풀 먹고 먹어
세월 가면 갈수록
검은 머리 많아지고

구름꽃
흑진주 되어
곱게 빛날 것을.

만남과 거절

봄날 새눈이 돋아날 때
비가 내리고 우산을 받치고 앉았을 때
찾아드는 손길이 있어요

가을날 시 한 수 읊을 때
눈 내리는 호숫가를 따라 걸을 때
바람이 가까이 불어와요.

그늘 있는 시

큰 생각
시대의 정신은
아픔 없는 밝음보다는
줄곧 그늘 안에서 잉태한다네

작은 깨우침도
생활의 시계추도
영혼의 날개짓도
어려움 없는 평안보다는
고난 안에서 출발한다네

신천옹이 하늘을 날 듯
그렇게 또 하나의 내가
그늘 숲을 지나
높이
멀리
힘차게 날으네.

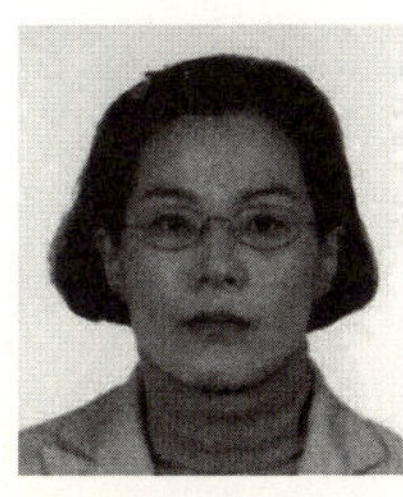

김 현 옥

아호 恩福, 광주 출생, 서울대 약학과 졸업, 현대문예 시,동시 등단(2009년), 한국문협, 한국현대시협, 광주문협, 한국지역문학인협, 한국가곡작사가협회 회원, 현대문예작가회회계, 광주시협총무간사, 21세기 교회음악연구협 회원, 제1시집 「겨울아이」 제2시집 「여호와하나님 찬양」

H.P : 010-4858-8412　E-mail : unikimho@naver.com

주소 : 500-787 광주광역시 북구 문흥2동 중흥2차A 201-501호

잊을 수 없어 외 2편

김 화 인

나 그대 잊었노라 말을 하지만
왜 그런지 지워지지 않은 그대 모습
행여나 길가에서라도 만나면 어이하리

나 그대 잊었노라 맹세하지만
왜 그런지 잊혀지지 않는 그대 모습
행여나 꿈속에서라도 만나면 어이하리

나 그대 잊었노라 단념하지만
왜 그런지 사라지지 않는 그대 모습
행여나 천국에서라도 만나면 어이하리

여 인

그리운 그 시절 만나던 그 여인
청순한 그대 모습 아름로운 꽃과 같고
이제는 다정스런 누님같은 여인

그리운 그 시절 만나던 그 여인
포근한 그대 모습 애처로운 꽃과 같고
오늘도 애정어린 엄마같은 여인

그리운 그 시절 만나던 그 여인
온유한 그대 모습 향기로운 꽃과 같고
언제나 인애스런 천사같은 여인

저녁노을

초여름날 저녁노을이
바다위에서 수평선을
붉게 황혼을 태우고
우리들 속마음도 태웁니다

도시거리에 냉기가 흐르고
어둠이 밀려오는 저녁
귀갓길 샐러리맨 발걸음
하루 피로를 잊으려 합니다

붉게 타는 서쪽하늘 바라보면
헐벗은 양들의 애타는 가슴이
보릿고개 넘던 조상의 피멍든 가슴이
아련히 생각이 납니다.

김 화 인

전남 고흥 금산 출생, 한성대 행정대학원 마약학과 졸업, 한국가곡작사가협회 이사, (사)한국문인협회 정책위원, 서울중구문인협회 회장, JCI서울수색청년회의소 특우회원, 시집 「길도 물처럼 흘러야 한다(1집)」. 「동은 언제 트려나(2집)」

H.P : 011-243-8146 E-mail : finegim@hanmail.net

주소 : 100-281 서울 중구 인현동1가 19-2호 대성빌딩 303호

이별 외 2편

남 유 정

흰 꽃잎 날아가듯
가벼이 그대 잘 가라
꽃잎이 가본 길로
그대 떠나고 나면
나는 보리라
꽃자리마다 열린 초록열매
지나간 사랑의 흔적을

나무들 뒤척이던 밤
꽃들이 피던 그 밤에
심연의 깊은 울음
잠 속으로 스며들던
슬픈 노래를
그대 떠난 뒤 내 비로소
가슴에 들어보리라.

그리움

오늘도 가슴에 무명빛 그리움을 담았네
고요히 기다림으로 봉인하고 돌아서면
그리운 사람은 어느 새 마음에 와 있네
저무는 하늘에 노을빛 그리움을 띄웠네
고요히 침묵하는 그대 이름 부르면
그리운 사람은 어느 새 마음에 와 있네.

가을이 오는 소리

젖은 속눈썹 아래
나날이 깊어지는 그늘로
오는 가을은
섬돌을 딛고 오는
정든 님 발소리
가을이 오는 소리

풀벌레 소리 흐르는 길
가만히 나아가 앉으면
또르 또르 또르르
어둠을 흔들며
잠든 귀 여는 소리
가을이 오는 소리.

남 유 정

2002년 우리시로 작품활동 시작, 시집 『기차는 빈 그네를 흔들고 간다(2007년)』, 현재 (사)우리시 사무총장
H.P : 019-394-3922 E-mail : tsnam2002@hanmail.net
주소 : 120-771 서울 서대문구 홍은1동 벽산A 104동 1106호

하루살이의 사랑 외 2편

노 유 섭

하루를 위하여
천 일을 기다렸노라
한 번의 만남을 위하여
천 날을 애태우며 기다렸노라
목숨이 끝나는 자리
단 한 번의 화려한 춤사위에
내 모든 불꽃을 태워 버렸노라
어두운 밤하늘에
하얀 별빛 하나 수놓으면
다만 너 하나 그 빛이 있었기에
나는 살아 있었노라 말하리라
내 온 몸을 불사를 수 있었노라 말하리라
후회는 없노라
죽어도 후회는 하지 않으리라 말하리라.

봄비 내리는 날

비가 내리네
꽃바람 타고
봄비가 내리네
가지마다 꽃등불 켜는 날
복사꽃 그대 얼굴 위로도
봄비가 내리네
젖은 머리칼 맑은 얼굴로
마주보는 깊은 눈동자여
이슬 맑은 그대 향기
감미로운 꽃바람 타고
푸른 내 마음 골짜기로
비가 되어 내리네
아, 오늘도 그 날의 봄비가 내리네.

동그라미 물방울꽃

빗방울 떨어져 피어난 물방울꽃,
동그라미는 모여
내를 이루고 강을 이루네
우리가 동그라미가 되어 만난다면
서로가 서러워 그리운 동그라미가 되어
산을 이루고, 강을 이룬다면
누리엔 동그라미꽃 피어나리
보름달 아래 손에 손 잡은
강강술래의 나라,
온누리 동그란
동그라미 물방울꽃 피어나리라.

노 유 섭

서울대 국어과, 경영학과, 동 대학원 경영학과 졸업, 1990년 우리문학으로 등단, 시집 『풀잎은 살아서』, 『희망의 실타래를 풀고』, 『유리바다에 내리는 눈나라』, 『아름다운 비명을 위한 칸타타』, 『눈꽃으로 내리는 소리』, 수필, 단편소설 다수, 작시 가곡 찬송가 130여곡 / 우리문학상 수상(1991), 한국현대시인협회 부이사장, 국제펜클럽한국본부 기획위원, 한국문인협회 관악지부 명예회장, 기독교문인협회 이사, 한국예술가곡연합회 이사.

H.P : 010-5447-2460 E-mail : nysh21@empal.com
주소 : 151-785 서울 관악구 조원동 1656 미성A 2동 216호

빛나라 대한민국 외 2편

류 재 영

큰 꿈을 펼쳐라 배달의 꿈을
인류를 사랑하고 존경하는 코리아
자유와 평화 행복한 나라로
곱고 고운 탑을 세워라
화합의 탑을 번영의 천둥소리로
하늘 땅 흔들어라 코리아
빛나라 대한민국 영원히 빛나라.

탁구 공 이야기

〈1절〉
시냇물 흐르듯 미지의 힘에
이끌린 만남 만남에서
서로가 좋아서 마음의 공을
서로가 즐거워서 웃음의 공을
우정으로 쳐 올리리라
모두를 위하여 다함께
생동감이 넘치는 세계로
나아가리라.

〈2절〉
파도에 밀리듯 바람의 힘에
날아온 만남 만남에서
서로의 눈빛으로 믿음의 공을
서로의 바람으로 정열의 공을
기쁨으로 쳐 올리리라
모두를 위하여 다함께
행복감이 넘치는 세계로
나아가리라.

구월산

- "文化 柳氏" 노래

〈1절〉

햇볕에 돋아난 새싹 새 뿌리(버들잎과 뿌리)
풋풋하게 자라서 우람한 씨앗으로
나라라 더 크게 더 예쁘게
온 강산 온 누리에 번성하라
높고 깊은(대승공의) 뜻과 소망, 맑은 날
새벽처럼 밝아오라 밝아 오리라.

〈2절〉

계절 따라 돋아난 새싹 새 뿌리(버들잎과 뿌리)
비, 눈, 바람 이겨내고 검붉은 씨앗으로
나라라 더 착하게 더 아름답게
온 세계 온 누리에 번성하라
높고 깊은(대승공의) 뜻과 소망, 맑은 날
새벽처럼 밝아오라 밝아 오리라.

류 재 영

동국대학교 문화예술대학원 문예창작과 수료, 한국음악저작권협회 회원
(태백산아, 유채꽃 등 30 편 등록), 양현 류병열 한시 연구(석사학위 논문)
父子 시집 "달빛 초가집" 출간
H.P : 010-3169-6472 E-mail : eyeball888@hanmail.net
http://cafe.daum.net/ryu888(달빛초가집)
주소 : 463-919 성남시 분당구 수내로 74 금호@116-1604

징계맹경 외 4편

박 남 권

어머니 할머닌
늘 그렇게 얘기하셨다
고창장에서 파시의 주걱대
홍어를 사오는 날
막걸리 큰 사발 아버지의 소반에 따르며
배가 들어오고
배가 떠나가던 대항리 술잔에 띄웠다
알밴 조기 발라 수저에 얹으며
대항리 뱃고동 소리는 닻을 올렸다

만경강 건너
파랑새 따라가던
녹두장군의 청포묵도 깃발을 들고
하얀 깃발을 흔들고 서럽게 휘둘리던
백산성의 흰 옷 입은 백성
무장에서 돌리던 사발통문
목청을 돋궈
징게맹경
너른 들을 목쉬게 불러댔다
새야

새야
파랑새야
배가 오고
배가 간다.

※김제만경의 사투리

칠석 무렵

멍석을 깔았을까
마당에 둘러앉아
모깃불에
달을 보고
세월의 쑥을 태워
매캐한 별을 따 담던 칠월
홑치마 기집애
한밤 이슥하도록 잠도 못 자던
개울물 소리
순이의 젊음을 씻는 여름소리
상상은 호박 넝쿨로 뻗어
달을 안는다
달을 안는다
여름 밤 별을 헤는
멍석은 깔았을까.

남춘천역

-사랑 리필333

소나기 빈 호반엔
물 빛 깊어 하늘 길
내 사랑 강물에서 춤추며
같이 흔들려 노래 부르네

소양강 물 위에 물결로 떠오르는
너의 얼굴
사랑의 물결
봄으로
파란 웃음이 더하는
남춘천역.

그냥 지나쳤으면

-사랑 리필118

이제 다시 폭설이다
너를 내안에 가두는 폭설이 내린다

모를 뻔 했어
강물이 그렇게 온몸으로 흘러내려 가는지
바다가 그렇게 새파랗게 하늘 그리움으로 들어 있는지
젖은 어깨위로 눈이 내려도
하얗게 눈이 쌓여도 얼지 않은 이유를
강물은 하얀 손만 흔들었어.

새벽에 떠난 바람이 물안개 지치고
잠자는 산을 돌아 갈 때
느끼지 못한 거야
그저 즐겁고 꿈에 부풀어 시간의 풍선으로 가득 차
서녘하늘 열어 돌고 싶었던 거야
그날 하루만 그냥 지나쳤으면
새들이 날아가다 다시 손을 잡는 의미
모를 뻔 했어

이제 다시 폭설이다
너를 내안에 가두는 폭설이다.

녹 슬은 전장(戰場)

삼팔선
더는 못 가네
가슴으로 불러도 더는 못 보네

전우야
그날 백마고지
너를 보러 왔다
찔레꽃 하얗게 덮은 녹 슬은 철모
포대능선 화약 냄새 세월로 덮어
젊은 넋 하얗게 삼팔선을 넘는다

전우야
노래 소리 듣느냐
저기 저렇게 함성으로 밀려오는

남과 북
함께 부르는 노래 소리를.

박 남 권

월간 현대시 등단. 남산시낭송회 회장, 한국문학예술 발행인, 한국문인협회 감사, 바탕시동인 회장,
H.P : 011-766-7700
주소 : 100-114 서울 중구 충무로 4가 127-6번지 3층 한국문학예술

이화에 월백하고 외 2편

박 달 목

수락산 가는길에 배꽃피어 환합니다.
달빛이 조요하면 이화에 월백하리
도공은 어이하여 사기달을 빚어놓고
여백을 채워본다 고즈넉한 달항아리
배꽃피어 좋은날에 얼비치는 님의얼굴
다정도 병이런가 배꽃인연 천년가리—

나주벌 삼백리에 배꽃피어 환합니다.
봄바람 건듯불면 이화우 흩날리리
어이해 토기장은 질그릇을 빚어 놓고
여한을 채워본다 질박한 옹기항에
배꽃 지는 꽃비속에 멀어저간 님의모습
천리에 외로운꿈 쌓여가면 산이되리—

(이조년의 이화에 월백하고, 난설헌의 이화우흩날릴제)

꽃시샘 연가

그 누가 저 여인의 앞치마 꽃밭으로
한송이 수선화를 몰래던져 주었길래
저리도 봄을 깊이 앓고있는 것일까?
봄을 함께 아파주지 못하겠거든
함부로 꽃소식을 보내주지 말아요.

그 누가 저 여인의 잊혀진 꽃옛날로
한송이 목련꽃을 꺾어던져 주었길래
저리도 꽃향기에 깊이취해 있을까?
마음 함께 품어주지 못하겠거든
함부로 꽃가지를 꺾어주지 말아요.

마이산 가는길

길따라 바람따라 마이산을 찾아간다
골마다 돌탑쌓고 되돌아본 지난세월
싸라기눈 내리던날 산그림자 내려오면
어데쯤 말 발굽소리 귓전에 가득찬데
아, 마이산은 눈발에 가리워 절승이로다.

산따라 물을따라 마이산을 찾아간다
시오리 구빗길에 오순도순 열린마을
산벚꽃 가지새로 물그림자 따라오면
어데쯤 말방울소리 두귀를 번쩍세워
아, 마이산은 꽃잎에 가리워 절승리로다.

박 달 목

조각가, 개인전 5회, 한국미술협회 · 한국가곡작사가회 회원, 한국시비공원연구소 운영, 달목조각연구소, 갤러리 아사달 대표,
시조시집 『격렬비도』.
H.P : 011-449-0864
주소 : 573-931 전북 군산시 임피면 보석리 481-1

4월엔 외 2편

박 원 혜

다음생엔
씻기워 지지 않는 허물일랑
덮으시고
한송이 가여린
4월의 들꽃으로
태어나게 하소서 ~

마음 다치지 않는~
마음 다치게 하지 않는~
고운 영혼의 꽃으로
피어나게 하소서 ~

꽃대위에 올려진 향과 빛깔은
마르지 않는 샘처럼 흐르다
흐르다 마르더라도 ~

푸른허공에 청청한 아지랑이 되소서 ~
푸른허공에 청청한 아지랑이 되소서~~

흐르다 마르더라도 ~

푸른허공에 청청한 아지랑이 되소서 ~
푸른허공에 청청한 아지랑이 되소서~~

그리움의 바다

네가 그리워
늘 그곳으로 간다

촘초롬히 접혀지는
하얀 드레스는
내 마음을 감싸는
봄의 왈츠~

가물대는
수평선 저 끝에
살그마니
나부끼는 너의 모습

메아리 메아리
메아리 되어
그리운 내 마음이
닿을까~~~~~~~~~~

그리워서

그리워서 그리워서
모든것이
정지 했을때
난 한점
섬으로 향한다 ~

그곳은
아무도 갈수없는
내 발자국만 소롯이 있는
고독한 섬
한쪽 귀퉁이~ ~

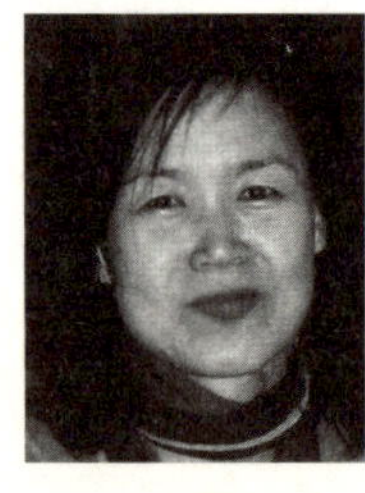

박 원 혜

강원도 화천 출생, 2000년 믿음의 문학으로 등단, 믿음의문학, (사)우리시 회원, 시집 『상처를 위하여(1998년)』, 예술심리치료실 경영
H.P : 010-3061-0153 E-mail : poetpeace417@hanmail.net
주소 : 142-072 서울 강북구 수유동 498-15 한신주택 501호

목련꽃 그늘 외 4편

박 이 정

오전 11시,
맑은 하늘을 네모지게 잘라 창틀에 끼우자
집안에 구름이 떠다닌다
산목련 옴쭉 옴쭉 햇살 깨무는 소리 들리고
뻐꾸기 소리 날아와 꽃그늘에 부서진다

오후 2시,
투명한 햇살이 나를 잔디 속에 밀어넣는다
연두빛 물감 질펀한 뜨락
머리카락에 풀빛 물 들인다
시원한 한줄기 바람이 목련꽃 소나기를 뿌린다
잔디 바깥이 분주하다

봄밤 2시
목련나무가 등불을 내건다
달빛이 하얗게 잔디 위에 쏟아진다
살 간지러워
잔디가 꿈틀거린다

나는 창틀에 먹지를 끼워 넣고
내가 모르는 나에게 편지를 쓴다

밤 뻐꾸기
뻐꾹, 꽃가지 위에서 어둠을 쫀다.

무현금

새벽하늘화선지 한 장이 펼쳐진다
높은 음 한 줄, 깜깜한 새벽에
화살처럼 쏴 올리자
메기고 받고 받고 메기고
끊어졌다 이어지는 매미울음
순식간에 자하문 빗장이 풀린다
틈새로 매미의 장삼자락날개가 들썩들썩
성 문 밖 조석고갯길이 파르스름 튀어오른다
인왕산 호랑이바위 꼭대기 하현달, 시위가 부르르 떤다
팽팽한 활대를 바짝 당겼다 놓자
한 평 마당의 고추나무 붉은 별
세마치장단을 친다
수묵담채빛깔의 소리들이
새벽하늘화선지에 변곡선을 긋는다
무현금 가락에 취한 내 숨소리가
오금을 펴고 가느다랗게 일어난다
금 하나 내지 않고 유리창을 뚫고 나가
화선지 위에 그려진 소리 위를
걷는다,
끊어질 듯 끊어질 듯
황 대 태 협 고 중 유 임 의 남 무 응*

어둠에서 풀려난 하루 빛살을 켜고 있다
사박사박새벽새벽.

* 한국의 12음계

우수를 기다리며

계절이 지나갈 때마다
빈 의자 내어주는 뜰에
소복 소복 눈이 내린다
반듯하게 접힌 편지봉투의 우표처럼
마당 구석에 벚나무 소인이 찍혀 있다
몇 장이나 쌓이고 쌓였을까
긴 긴 불립문자
사연을 해독 할 수 없는 나는
창 너머로 멍하니 바라만 보고 있다
햇볕이 드는 오후부터
못내 궁금한 잔디가 끝자락부터 천천히 편지를 읽어 간다
바람은 다 읽은 페이지를 들고
담장 너머로 눈티를 날리며 사라진다
며칠만 지나면 울타리 쪽 그늘에서
개나리가 촉촉이 답장을 준비하여
멍울마다 노오란 문장을 찍을 것이다

수많은 편지를 오독하는 동안
제대로 교정되지 못한 2월
유리벽을 사이에 두고
나는 계속 편지를 쓴다
뜨락의 부러진 상념 하나,

반송된 편지들처럼 쌓인 눈에 겨워
툭, 연못으로 떨어진다
수취인 불명의 파문이
잉크처럼 내게로 번져온다.

음악에 띄워 보내는 풍경, 한 컷

뒷산 백사실에 오른다

키 작은 관목 아래 낮은 허공에서 바사삭, 바사삭,
노랑눈썹솔새도 나와 함께 오른다

가을산은 빈 유리 항아리
밑동만 남은 나무에 버섯꽃 피고
수북이 낙엽을 담고 있다
"가을 한 그릇에 오천 원이요" 익살소리 끄트머리를 잡고
머리 위 낙엽들이 까르르 너럭바위로 모여든다

단풍나무가 불타고 있는 기슭,
구름 비낀 하늘이 나뭇잎 음표를 날린다
사뿐사뿐 물위에 그려지는 악보

나뭇잎 즉흥환상곡 잔잔히 울려퍼지는 백사실 계곡

언덕에서 낮달이
판타지 한 컷,
찍는다.

※ 백사실 : 종로구 부암동의 작은 숲.

귀뚜라미 강물소리

칡즙빛 어둠소리 한 잔을 따라 마신 귀뚜라미
소리와 소리 사이에
점을 찍는다
귀뚜라미는 보이지 않는데 점점이
귀를 뚫고 지나간다
몸통을 끌고 다닌다
순간, 나는 없고
내 몸통 폭만 한 소리강물만
끝없이 흘러간다

아득한 무유시공
어둠과 빛의 경계 사이
무수한 존재의 차이와 경계 사이에서
반짝거리다 꿈틀거리다
말캉한 문을 열고
갓 태어나 흘러간다

점 점 점 점 끝도 없이
내가 씌여지는 밤

몽당연필이 되어버린 별똥별
초가을 깊은 하늘에 귀뚜라미소리강물체로

획을 긋는다

딱딱한 귀가 부드러워진다.

박 이 정

2006년 계간 〈다층〉으로 등단, 동인지 디지털리즘선언 3, 4, 5권,
계간 〈시향〉 편집동인, 한국하이퍼시클럽 동인
H.P : 010-3342-0348 E-mail : poemlake@hanmail.net
주소 : 110-817 서울 종로구 부암동 208-8번지 102호

눈 내리는 밤 외 4편

송 문 헌

창문을 흔드는 바람소리에 잠 못 이루는 겨울밤
날짐승도 오가지 못할 먼먼 산마루길 재를 넘어
눈감아도 발길 닿는 그대는 이 한밤 어느 산마을
그때의 그리움 찾아 너울너울 밤길 떠나시나요
혹여나 가시는 길에 그곳에 들리시거든 지나온
흔적의 무게만큼 그림자 길게 서성인다 전해주오

삼동 내 마른 가지에 우는 바람소리 잠 못 드는
어둠이 깊어가는 낯선 마을에 함박눈이 내리면
소리 소문도 없이 살그락 살그락 찾아오실 그대
그대가 그랬듯이 이 밤은 나 촛불 하나 켜들고
가랑잎 휘파람을 앞세우고 오실 그리움 맞으려
오시는 산모롱이 사운사운 귀문을 열어 놓으려오

가을기별

녹슬은 철 대문에 끼어 삐걱거리던 바람
떨어져 누운 낙엽들이며 던져진 전단지
몰골만 남은 부스러기들의 가벼움 들이
찢기고 뒹굴며 쫓겨 다니다 다투어 골목
구석진 곳에 내몰리고 바람에 쓸려가네
오늘은 무슨 슬픈 기별이라도 오시려나

철퍼덕 조간신문을 깔고 퍼질러 빠르게
빠르게 세상 소식을 읽어나가다 덜컹덜컹
낡은 편지함을 들추곤 황망히, 텅 빈 찻길
등불을 밝힌 영구차 행렬을 따라 나서는
어깨시린 바람 어둑어둑 빗발이 거세지네
세상 젖은 이마를 후려치는 신새벽 빗소리

가을산

스스스 살그락 마른 잎 새들 몰려다니는
북한산 진달래 능선 비탈진 곳 양지녘에
홀로 앉은 늙은 등산객 앙상한 손잔등에
사뿐히 내려앉은 가을햇살 홀로 흔들흔들
햇살 그네를 타네 가을산이 그네를 타네

타오르던 산 빛 페이소스 우수수 우수수
산그늘 따라 떠나가고 산 말랭이 발자국
소리도 모두 떠나고 계곡 물소리 귀가에
시리게 흐르네 빈 산 일 때 저 가을산은
혼자 웅크리고 우우 가랑잎으로 운다네

오월애

소쩍새 청메아리 소리에 뒤척이다 주섬주섬
절 마당에 내려서니 풍경도 잠 못 이루는가
뎅그렁 뎅그렁 저 홀로 산사 밤을 젓고있네

한 줄기 서늘한 바람이 어디선가 등을 밀어
바람이 일러주는 대로 발자국소리를 남기며
나뭇잎 얼룩지는 어스름 산모롱이 길을나서네

자박자박 발자국마다 일어서는 풀잎 풀잎들
어디서부턴가 그는 낯선 얼굴로 앞서 가시고
시리도록 찔레꽃 희디흰 꽃 섶에 달빛이 차네

겨울비

온몸을 드러낸 채 앙상한 가지마다 비에 젖는
마로니에 가지, 가지마다 낡은 비오롱 소리들
바람에 울며 거리마다 빗금으로 내어 걸리고
사방 어디에도 보이지 않는 그대는 해지도록
마로니에 겨울비속을 서성여도 오시지를 않네

거리엔 낯선 이들만 가득 오가고 그때 쓸쓸히
웃던 그대 홀연히 저만치서 다가 올것만 같네
누가 돌아오기 위해 떠나는 여행이라 했던가
기다리는 마음 비 오는 저 어둠의 풍경들을
누가 젖은 창밖에 밤새도록 걸어두고 있는가

송문헌

충북 괴산 출생, 호 아성(阿星), 1958년 적십자사 주최 전국 청소년 글짓기에서 입상, 1992년 『천평시』에 시 '진달래 만발' 등 12편을 발표하며 작품 활동 시작. 시집 『눈이 내리면 외포리에 가고 싶다』, 『아라리는 아직도 이 거리에 있다』, 『그물에 걸린 바다』, 『바람의 칸타타』, 『그리운 것은 눈 속에 있다』 등, 제33회 현대시인상 수상(2010년 12월 16일/ (사)한국현대시인협회) 한국음악저작권협회, (사)우리시, 창공클럽, (사)한국작가회의 회원, (사)현대시인협회 이사, 국제펜클럽 한국본부 이사, 현재 한국가곡작사가협회 회장. 이수인 작곡 「별빛이 흐르는 밤에」, 「하얀 그리움」 외 70여곡 음반으로 발표

H.P : 011-255-9606 E-mail : solbalam@hanmail.net

홈페이지 : http://www.solbalam.com

주소 : 132-924 서울 도봉구 창1동 658-17 황산아트빌 101호

사철 아리랑 외 3편

신 상 철

님이 떠난 이 강물에 물결마져 님에 모습이니
실버들도 너울 너울 이마음인양 반가워라

아리랑 아리랑 아라리요 아리랑 강변에서
님을 보네

님이 넘던 고개인가 하늘에는 구름만 한 점
산천초목도 푸르러니 신이여 님 보내주오

아리랑 아리랑 아라리요 아리랑 고갯길에
님이 오네

님과 놀던 뜰악에는 꽃지고 열매를 매으니
세월아 너도 가지만 님 있으면 무엇을 탓하리

아리랑 아리랑 아라리요 아리랑 사랑을 찾아
열매를 맺네

님을 보낸 이 한길을 지켜섰는 정자나무야
흰눈내려 단장하니 그 때인양 보고지라

아리랑 아리랑 아라리요 아리랑 님의 길로
네가 왔네.

사랑의 환전소

외롭다고 혼자서 침묵할수 있나요
어디 한 번 나서 봐야지

괴롭다고 혼자서 버틸수야 있나요
어디 한 번 찾아봐야지

그 때는 몰랐던 마음이 사랑의 불길 같은데

어딘가는 어딘가는 보낼 수만 있다면
외로움도 괴로움도 두 개 짜리로 바꾸어

너도 갖고 나도 가져 서로의 마음 읽으리
아 - 사랑의 환전소 하나 차려야 겠어요

누군가는 누군가는 나눌 수 있다면
그리움도 사랑도 두 개 짜리로 바꾸어

님도 갖고 나도 갖어 서로의 정을 읽으니
아 — 행복의 환전소 되어만 가네요.

체면 치레

웃으며 말하기에
고개를 끄덕 이었어

외로이 거닐기에
어깨를 나란히 했어

아무도 모르게
사랑을 알기도 했어

그러나 내게는 큰 사건이었지
바람부는 언덕에 풀잎으로만 남아
사랑과 이별이 함께 왔어 흔들었어

무었 때문에 함께 했는지 그 이유만 내게남아
오늘도 천면치례 뒤로하고 울고만 싶어.

순 이

다정한 우리 사이를 내몰라라 하고
순이는 떠나 갔네 나를 남기고서

돌밭길 발자국도 소리 높아건만
그 누가 막아느냐 순이에 귀를

만나던 정자나무 길을 막아건만
그 누가 일러 줬느냐 돌아 갈길을

오늘도 노을빛이 오는 길에서
나 혼자 불러본다
대답은 없어도 모습이라도 그려다오
순이야 - 순이야 - .
순이야 순이야.

신상철

경북 경주 출생, 한국가곡작사가협회, 한국문인협회, 한국음악저작권협회 회원, 한국동요보급회, 관악문인협회 이사, 시집 「언제 어디서나」 외 가곡 경주의 길손 외

H.P : 011-9984-4054 E-mail : sschel@hanmail.net

주소 : 151-821 관악구 봉천1동 969-37

꼬꼬 닭 인생 외 2편

신 충 훈

I

날고 싶어서
날고 싶어서
날개 짓 하여도

마음 만 동동
마음 만 동동
하늘로 향하네

날개 없어도
두둥실 다니는
흰 구름이 부러워

오늘도
물 한 모금
입안에 물고서

파아란
하늘을 향해
고개를 높이 드네

Ⅱ

노래가 좋아
노래가 좋아
소리를 높여도

마음만 동동
마음만 동동
들판을 향하네

고운 목소리
꾀꼴 꾀꼴
 꾀꼬리가 부러워

오늘도
꼬끼오 소리
아침을 열면서

파아란
들판을 향해
목청을 돋우네

Ⅲ

어여쁜 모습
어여쁜 모습
자랑을 해봐도

마음만 동동
마음만 동동
허공을 떠도네

화려한 몸매
알록달록
공작새가 부러워

머리에
붉은 색 벼슬
곧게 세우고

파아란
냇가를 따라
뽐내며 걸어보네.

가을 구름

파란 하늘에 솟아나는
가을의 정서
뭉게뭉게 피어나며
노래 부르네

무더위를 이겨낸
자긍심 안고
바람과 어우러져
기쁨 나누네

농부가 땀 흘리며
서있는 곳에
누런 황금물결
파도를 칠 때

노을 등지고 선
하얀 자태가
몽실몽실 피어나
희망 그리네.

친절과 배려

I

친절한 말 한마디
 기쁨을 만들고요
배려하는 행동에서
감동이 자라나요.

불편을 감수하면
마음 문이 열리고요
내 것만 고집하면
서로가 멀어져요

한마디 말도 의미 없는
바람은 아니에요.
마음속에 뿌리내려
자라나는 씨앗 같아요.

II

따스한 말 한마디
다정함이 싹이 트고
배려하는 마음에서
존경심이 꽃 피워요

한손은 나를 위해
한손은 친구와 함께
어깨동무 비결은
지극히 단순해요

에덴동산 아담, 하와
배려하며 살았어요
서로가 배려하는 곳
에덴동산이랍니다.

신 충 훈

충북청원출생, 총신대학교 영어교육과 및 신학대학원 졸업, Hebrew University of Jerusalem에서 수학, 서울대학교 대학원 문학석사(M.A.), 문학박사(Ph. D.), 월간 신문예 아동문학부문 신인상으로 등단(동화 「바람이의 언어여행」), 탐미 문학상 수상(동화 「아기 참새 초롱이의 도시나들이」), 월간 신문예 시부문 신인상으로 등단, 짚신문학상 (동시부문)수상, 박화목 문학상 (아동문학부문)수상, 한국문인협회 회원, 국제 펜클럽 한국본부 회원, 저서 및 역서 『논술을 위한 논리 --성경 속 논리 따라잡기--』 외 다수, 동시집 『노래하는 꽃나무』 『꿈이 있는 나무』 출간, 시집 『마음에 평안을 주는 시』 공저, 현재 총신대학교 강사, 현재 대한 예수교 장로회 열린교회 교육목사, 현재 한국 신문예 문학회 부회장
H.P : 010-2240-6461 E-mail : ch6164@naver.com
주소 : 404-761 인천시 서구 가좌2동 한신휴플러스A 217동 1003호

내 마음 외 2편

엄 원 용

동지선달 설한풍이 춥다 하기에
내 마음 창문 닫고 숨겨놨더니
꽃이 피고 새가 우는 새 봄이 되니
앞산 뒷산 진달래 꽃비 온다고
남 몰래 창문 열고 달아났대요.

사월이라 산에 들에 꽃이 피기에
멀리 떠난 우리 임을 잊지 못해서
산에 들에 피는 꽃을 따러 갔더니
앞산 뒷산 진달래 임의 모습에
꽃 한 송이 못 꺾고서 울고 왔대요.

가을편지

가을에는 편지를 쓰네.
지난 여름 우로와 따가운 햇볕에
풍성히 익어간
성스러운 과일의 향기를 쓰네.

그리고 기억의 저편 긴 침묵 속에
고이 잠들어 있던 내 고독한 영혼을 쓰네.
깊은 어둠 속에서
외롭게 피어난 한 떨기 꽃이었다고 쓰네.

또 가을바람을 쓰네.
가볍게 날리는 낙엽의 고독함을 쓰네.
엷어져 가는 태양과
남은 세월의 가난한 이야기를 쓰네.

다가올 겨울의 추위와
서러운 사람들의 이야기를 쓰네.
그들의 머리 위로
따스한 바람 불어오라고 쓰네.

하얗게 내리는 눈발 속에도
사랑의 이야기가 있음을 쓰네.

처음으로 쓴 편지

나 처음으로 편지를 쓰네.
나의 안부를 전하고 그대 안부를 물어 보네.
이제는 아득히 먼 옛날 일처럼 되어버린 일과,
벌써 수십 번 꽃잎이 피고 졌다는 이야기를 쓰네.
사랑하고 미워하는 일이 다 지나고 나면
어쩌면 아주 사소한 일이라고 쓰네.
지나간 세월은 아무것도 아니라고 쓰네.
까마득히 잊어버린 일이라고 쓰네.
나 처음으로 편지를 쓰네.
차마 잊을 수 없는 사람에게 편지를 쓰네.
혼자서 사랑의 편지를 쓰네.

엄 원 용

한국가곡작사가협회 초대회장, 21세기 한국교회음악연구협회와 한국수필가연대 회장 역임, 한국문인협회, 기독교문인협회, 도봉문인협회, 인사동시인들 회원 저서 : 시집 「여행의 끝」 외 4권」, 수필집 「뚝배기에 담긴 사상」 외 1권 기타 종교 저서 다수

H.P : 010-8825-1578 E-mail : aumwy@hanmail.net

주소 : 135-080 강남구 역삼2동 176-13 래미안그레이트 205동 1001호

설날 외 2편

윤 연 모

설날에는 모두 너그럽게 하소서
어른아이 모두 부자 되게 하소서
한 때 마음 아프게 한 사람도
어머니 마음으로 품게 하소서
큰집 작은집 모여 웃음꽃 피우고
웃음소리에 모두 행복하게 하소서
새해를 맞이하는 바람이 포근하여
푸른 공기 푸른 희망 가득하게 하소서

설날에는 모두 너그럽게 하소서
어른아이 모두 부자 되게 하소서
아이들은 세뱃돈과 놀이에 배부르니
이 기쁨 일년 가득하게 하소서
큰집 작은집 모여 웃음꽃 피우고
웃음소리에 모두 행복하게 하소서
새해를 맞이하는 바람 포근하여
푸른 공기 푸른 희망 가득하게 하소서.

항해

네덜란드 일마덴 어촌에
수많은 배들이 정박해 있네
태초부터 불어오던 바람
지금 이 바닷가에 불고
그 바람이 마음의 노를 저어
먼 곳을 항해하게 하네
인간의 오래된 장난감 타고
날아라 날아라 구름 위로 날아라

세상은 푸른 하늘처럼 푸르고
휴식은 우리를 살찌우게 하네
태초부터 불어오던 바람
지금 이 바닷가에 불고
그 바람이 마음의 노를 저어
먼 곳을 항해하게 하네
하늘 위를 달리는 천상의 말 되어
구름 위로 날아오르고 싶네.

달맞이꽃

너의 하얀 가슴 열어보았다
파도를 타듯 구름바다 헤치고
다시 숨 고르고 배시시 웃었다
오늘은 부끄러워 부끄러워
그냥 하늘가 바위 위에 앉았다
오늘밤 약속도 없이 찾아와
불러주는 애잔한 세레나데

어젯밤 하늘바다를 산책하며
너의 하얀 가슴 열어보았다
파도를 타듯 구름바다 헤치고
다시 숨 고르고 배시시 웃었다
오늘은 부끄러워 부끄러워
그냥 하늘가 바위 위에 앉았다
그대 향한 푸른 그리움에
내 얼굴이 너만큼 쪼끔 이지러졌다.

윤연모

한국외국어대학교 및 동대학원 일본어교육학과 졸업, 시인, 수필가, 번역가, 작사가, 서라벌고등학교 교사. 시집 「세상을 여는 출구」 「하얀 사랑꽃」 「물고기춤」, 수필집 「아버지와 피아노 교본」 「내 노래는 아무도 모를 거예요」, 번역서 「리고베르타 · 멘츄」, 음반 윤연모 詩歌曲 제1집 「구름 향기」, 황희문화예술상 및 시예술상 수상

H.P : 010-8889-2882　E-mail : yeammo777@hanmail.net

홈피: http://yoonym.kll.co.kr.

주소 : 139-764 서울시 노원구 상계9동 주공 아파트 1403동 911호

억새꽃 연정 외 4편

이 광 녕

넘어질 수 없음은 그리움 때문이야
모진 세월 서러움이 꽃술로 타오른다
그리운 마음일랑 하늘 한 쪽 걸어두고
출렁이는 고운 사랑 눈으로만 말하다가
그리움 홀씨로 번져 그대 품에 안기리다.
아 그리워라 그대모습 잊지 못할 내님이여

넘어질 수 없음은 그리움 때문이야
누구야 이리도록 눈감지만 잊힐리야
메말라 조인 가슴 다발로 타는 연정
갈대처럼 흔들리나 뿌리는 곧고 깊어
고운 정 고인 맛에 산들산들 피어나네
아 그리워라 그대모습 잊지 못할 내님이여.

투정도 사랑인 걸

먹구름이 그려놓은 비웃음을 지우려다
고운 손엔 가시 박힌 서러움이 해 맑구나
입술엔 봉긋한 미소 숨어 피는 초심의 꽃
천추의 한 설운 사랑 저 달빛도 알더이다
언제나 어디서나 그대와 나 하나 되니
투정도 사랑인 걸 미움도 사랑인 걸

울먹이며 잡은 손은 정겹기도 하건마는
톡톡 튀는 시샘만은 튕겨나는 풀잎 같아
미운 정 곱게 여무니 절로 피는 순수의 꽃
눈물로 하나 되니 저 청산도 알더이다.
천생연분 고운 인연 하늘까지 닿으리니
투정도 사랑인 걸 미움도 사랑인 걸.

산비둘기 우는 뜻은

그리움을 엮는다면 하늘까지 닿으리다
내 어머님 가신 세월 어찌 그리 크신지요
어린 아들 두고 가신 어미 정이 야속하여
산허리 가로질러 저 하늘로 외쳐 보면
핏빛으로 물든 구름 두 팔 벌린 내 어머님
아! 그리워라, 당신 모습 어미사랑 그리워라

그럽다 말을 한들 돌아서면 눈물이요
홀로서기 모진 세월 하늘 보며 살았다오
산비둘기 우는 뜻은 아들 찾는 어미 소리
넘어질라 조심해라 어딜 가나 비는 모정
아! 생전에 멍든 가슴 그 언제나 펴시려나.
눈물로 밥말아 주시던 어미사랑 그리워라.

그리운 내 고향

황톳길 접어들면 물총새도 반기더니
산조차 돌아앉은 희뿌연 고향 마을
솔바람 진달래꽃은 불러보면 꿈일레라
아- 그리워라 꽃동산, 정겨웁던 그 물소리
마음은 벌써 먼저 고향집에 머무는데
지금은 고운 산하 불러 봐도 대답없네

꽃향기 일렁이던 뒷동산 파란 하늘
꿈이라도 좋겠네 정든 세월 고향 산천
여린 손 휘저으며 나직이 불러보면
아- 나부끼는 사랑이여, 내 마음의 고향이여
타는 가슴 진달래꽃 추억 따라 달려가니
고운 님 청산마루에 어서 오라 미소 짓네.

콩밭타령

해거름도 주워먹고 풋풋함도 주워먹고
콩밭두렁 외등 켜고 콩깍지를 코에 대니
나더러 들풀이란다 콩잎에다 시를 쓴다

된걸음아 멈춰주렴 달아나는 저 청산아
고추밭 살풋함도 서리 맞고 다 갔는데
콩밭엔 알콩달콩한 콩서리로 불지핀다

콩콩콩 튀는 가슴 여문 고비 긴 그리움
콩알은 콩알대로 콩깍지는 깍지대로
태질로 고향이로세 콩 심은 데 콩 난다네.

이광녕

서울교대졸업, 연세대 대학원 졸업 문학박사, 교편생활 40년, 강동문인회고문, 징검다리문학회 고문, 한국시조시인협회 전총장, 달가람시조문학회 회장, 한국가곡작사가협회 부회장, 한국현대시인협회 심의위원, 저서 : 시집 「당신의 향기 묻어」, 「나무는 눕지 않는다」, 「투정도 사랑인걸」, 「달에서 그대를 만나다」 외 공저 다수, 교양집 「지혜의 샘」

H.P : 010-5411-6961 E-mail : hyobong2102@hanmail.net

주소 : 134-070 서울 강동구 명일동15번지 삼익그린2차(아) 502동 611호

백목련 외 2편

이 난 오

촘촘이 하얀 붓 끝 속 감추인
무슨 비밀 이야기
아무도 꺼내갈 수 없는 너

금실 햇살 타고
버선 발 사붓이 시린 눈망울로
비단 고름 풀어
들어낸 속살 학인 양

흰 나비떼 춤사위
꽃구름 뒤에서 훔쳐보던 낮달
남몰래 태우던 정열
여린 가슴 흔들어 놓고

꽃샘바람 불어 향기 잃은 채
흙빛으로 얼룩진 얼굴

은빛 그리움은 빗물로
너의 눈에 담겨 쏟아내는가.

숭례문

부서진 까만 뼈마디 피해
햇살도 모퉁이 틀어 돌아가는
숭례문의 한나절

높고 찬란했던 단청 어디가고
상흔의 아픔만 생채기로 남은
타버린 역사

불야성의 불가마가 불어 넣어
천년 혼이 살아 숨쉬는
청자처럼

다시 씌어진 역사의 페이지에
얼룩진 눈물 자국 담아낸
고운 단청 높이 치켜든 숭례문이여,
다시 태어나거라.

섬진강의 봄

연두빛 실바람 업고
눈서린 청매화
풀어놓는 달콤한 향기

아슴푸레
강물로 긋고 가는 오선보 위에
음표 한 자락 갈증에 속울음 토한다

굽이굽이 여울지는 오백리리 길
수심에 비추인 외로움과
동행 하노라면

청매화 지는 소리에
잠 설친 여린 대숲

부치지 못한 꽃잎에 새긴 편지
타는 노을 끌고
남은 오십리 물살 휘어 돌아 흐른다.

이 난 오

경기 포천 출생. 문예창작, 성악 수료, 월간 예술세계 신인상 당선 등단. 한국음악저작권 협회, 한국가곡작사가 협회 이사, 한국문인 협회, 한국시인 협회, 국제펜클럽 한국본부 회원, 예술시대작가회 청시동인회 회원. 가곡작시 음반 「물망초」, 「길」, 「낙엽」 등, 시집 「미완성의 수묵화」, 공저 「거슬러 오르는 연어 같은」 외

H.P : 011-9966-8584 E-mail : nanho36@hanmail.net

주소 : 121-270 마포구 상암동 월드컵파크 9단지 901동 1102호

기억의 언덕 외 2편

이 대 의

그 언덕에 가면 첫사랑이 생각나네
이루지 못한 사랑이기에
슬프도록 아름답게 남아 있는 기억
첫사랑 그녀가 기다려지네
첫사랑 같은 푸른 기다림이 깔려 있는 언덕
바람이 꽃을 피우며 지나가다 맴돌고
바다의 배들이 노래 언덕을 기어오르네
와도 그만 오지 않아도 그만
그렇게 기다리는 것만으로도 아름다운 곳
이곳에서는 첫사랑 추억만으로도 좋네
바다 건너 보이는 섬을 바라보며
바다 은빛 여울로 편지를 쓰네
지나간 일들일랑 다 첫사랑이라고.

원목 가는 길

사는 것이 힘들면 한 번쯤 놀러 오라 하네
마음 내키면 언제든지 들러도 좋다 하네
만나서 정을 나누고
흙빛 삶들이 어우러진 품에서 함께 하자고 하네
진땅이 마르거든 오라 하네
먹구름이 걷히거든 오라 하네
혹시나 고생하고 갈까봐
행여나 힘든 걸음 할까봐
좋은 날만 골라서 오라 하네
가고 싶어 가는 길
진땅이면 어떻고
고생 좀 하면 어떠랴
함께 하고 싶어 가는 길인 것을
산이 오라 하네
들이 머물렀다가 가라 하네
마음을 다 퍼부어도 모자라는 곳
강변에 노니는 철새들 따라 노래하고
그리움 토해내는 물 햇살에
때 낀 마음을 씻고 걸어가면
그간 너무 큰 것에만 매달려 지냈구나
너무 높은 것에만 얽매여 지냈구나
함께 하고 싶어 가는 길

사는 것이 힘들면 한 번쯤 놀러 오라 하네
마음 내키면 언제든지 들러도 좋다 하네.

막 차

사람들은 얼굴만 스쳐도 안부를 묻는다.
이미 떠난 것 다 버리고
어수선한 하루를 싣고 가는 사람들은
짐 꾸러미만 보고도 무슨 일이 있는지 안다.
길을 찾아 내뱉는 불빛이
더듬거리는 주위로
어둠이 덜컹거리고,
모진 바람 휘몰아쳐 차창을 두드려도
사람들은 하루 얘기들로 분주하다.
오늘도 무사히 보냈다.
고단한 걱정으로 서로를 위안하고
지친 몸들을 기대고 앉아
마음을 나누는 사람들은
이렇게 함께 돌아가는 것만도 좋다.

이 대 의

경기도 평택 출생, 1985년 전국대학문학상 소설부문 당선, 1985년 시문학 주최 전국대학문학상 시부문 당선, 1997년 한국일보 신춘문예 시 당선, (사)우리시 이사, 한국가곡작사가협회 상임이사
H.P : 010-6778-1645 E-mail : nanho36@hanmail.net
주소 : 110-791 종로구 동승동 169 방송대학 학보사 행정실장

녹나무 정원 1 외 4편

이 영 린

하얀 향기를 찾아
날아오는 검은 나비여
바다의 길은 험난하다
녹나무 배를 타고
녹나무 향기의 항로
녹나무 정원으로 오라
너의 검은 몸이, 너의 하얀 마음처럼
하얗게 하얗게 변할때까지
자유의 항로, 녹나무의 바다정원으로 오라
고통을 삼키는 바다정원
비무장바다 목선은 비무장바다
철조망을 파괴한다
자유의 해풍에 날으는 향기와 철분
노란 녹나무 새순 하얀 향기다
나비 몸도 하얀, 하얀 향기다.

녹나무 정원 2

악한 사람 선한 사람
죄 없이 죄 있는 사람 죄 없이 죄 없는 사람
해풍이 오는 길목
녹나무 향기의 항로에 서다
4천년생 녹나무 향기가 전신에 스며
푸르고 싱싱한 향기
들숨 날숨 고요히 녹나무로 변하다
녹나무로 만든 배
죽어야 향기로운 녹나무
밀물 썰물 고요히 해풍같이
녹나무같이 비무장 파도를 타다
비무장 전신이 파도로 변하여
흰 포말 하얗게 무구해지다
파란 포말 파랗게 무구해지다.

녹나무 정원 3

바다동산 샘터에 서 있는 녹나무
샘물을 떠 오는 어머니
녹나무 향기를 떠 오는 어머니
향기를 남기고 죽은 녹나무
다시 살아나 큰 배로 변한다
다시 살아난 향기
죽어서 향기로운 녹나무, 오대양을 돈다
바다 하늘 떠 도는
흰 구름 노란 향기
향기를 안고 오는 어머니
바다 산맥 단물 짠물 먹고 생생히 살아나
둥근 땅을 돌아오는 녹나무 배처럼
둥근 하늘을 돌아온다
언제나 샘터에 서 있는 녹나무
언제나 향기를 떠 오는 어머니.

녹나무정원 4

오일시장 4거리 큰 길 작은 길
나란히 나란히 서 있는 녹나무
향기를 판다
아무나 먹고 마시고 천 원
한 손 두 손 한 차 두 차
가지고 가도 천 원
돈이 없으며 공짜 무조건 공짜
돈이 있어도 무료 다 무료
녹나무 향기는 아무리 먹고 마셔도
그냥 그대로 무변한 향기
다시 살아나는 향기
온 누리에 가득찬 향기
향기로운 부폐와 폐수
향기로운 구정물과 시궁창
녹나무 향기 팔고 사는 오일시장
녹나무 향기 춤추는 오일시장.

나비의 정원

슬프나 기쁘나 춤추는 검은 나비
사람이 모르는 향기
구름처럼 떠 있는 공중에 누워
고요히 자면서 춤추는 나비
영원히 죽지 않는 바람과 산다
향기나는 해풍아
근심아 걱정아 날아라 날아라
노래하는 검은 나비
기쁜일 슬픈일 눈물아 웃음아
날아라 날아라 춤추는 작은 날개
죽어서도 춤추는 나비
노래 할 때 죽은 생명이 살아난다
춤 출 때 죽은 자유가 살아난다.

이 영 린

전국공무원한학협회, 해공회, 한국문인협회, 한국가곡작사가협회 회원,
자유문학상 수상
H.P : 010-4733-8587
주소 : 151-800 관악구 봉천 11동 178-76 우월 하이츠빌라 403호

씨앗 속에는 외 4편

이 향 아

씨앗 속에는 떡잎이 있습니다.
떡잎 속에는 햇살이 있습니다.
햇살 속에는 무심의 강물
강물 속에는 이야기가 있습니다.
이야기 속에는 슬프고 고운 색깔
색깔 속에는 더딘 꿈이 있습니다.
꿈속에는 눈물이, 눈물 속에는 소금이
소금 속에는, 소금 속에는,
슬픈 삶이 있습니다.

내 잡고 서 있는 아흔 아홉 현금
어느 것을 울려도 나는 아픕니다.

버린 돌멩이 하나,
세월 속에 놓친 바람 한 조각도
풍랑이 되어, 반란이 되어 날 풀어 헤칩니다.
씨앗의 정절이여
내 땅에 떨어져 뿌리 내리면
날개가, 깃발이. 믿음이 됩니다.
푸르른 삶이 되어 다시
씨앗을 낳습니다.

어쩌다 나 같은 것이

어쩌다 나 같은 것이
당신을 만나게 되었는지요.
어떤 손이 나를 끌어 당신 앞에 세우고
차마 눈부셔 마주 볼 수도 없는
당신의 부르심에
귀를 열게 했는지요.
나는 그것이 참 궁금합니다

수많은 만남과 수많은 이별
수많은 그리움과 수많은 슬픔
그 가운데 문득 기별처럼 오신 당신
어떤 손이 당신의 소망 앞에
시든 잡초 같은 나를 일으켜
사모하라
사랑하라
죽도록 사랑하라
나를 흔들어 깨웠는지요

내가 어쩌다가 당신을 만났는지요
해 아래 풍성한 감람 그늘 아래
어둔 밤엔 희고 맑은 달빛 아래로
마른 땅을 골라 딛고 걸어가게 하시는

당신의 힘찬 부르심
고요한 침묵
어쩌다 나 같은 것이
당신을 사랑하게 되었는지요
어쩌다 나 같은 것이
어쩌다 나 같은 것이 .

오늘 같은 날에는

오늘 같은 날에는 떠나고 싶어라.
남행열차 종착역에 길손처럼 내려서
헌옷 벗어 던지듯 버리고 온 고향으로

맨발 감싸 녹여 주던 황토밭 질러
오늘 같은 날에는 들길을 걸어라.
하늘자락 펄럭이게 입김을 모아
생각나는 옛 이름 외치고 싶어라.
한달음에 땅 끝까지 길이 트이고
아른아른 그리운 꿈길 걸어서
냉이, 쑥 뽀오얀 속잎에 대고
숨겨왔던 그 말도 고백하고 싶어라.

오늘 같은 날에는 돌아가고 싶어라.
이른 봄 바람나서 고향 가고 싶어라.

당신의 피리

나로 하여금
당신의 피리를 삼으소서

맺힌 시름 풀어서 산너머 보내고
노여움은 눌러서 잦아들게 하소서

당신을 사랑하는 나의 자랑만
봄풀처럼 봄풀처럼 일으키소서

나로 하여금
당신의 피리 되게 하소서

가슴은 비워 꽃그늘도 지고
기다리는 노래로 출렁이게 하소서

당신에게 대답하는 맑은 옥피리
예, 예, 대답하는 순한 옥피리

나로 하여금
당신의 피리를 삼으소서.

산 길

달개비 패랭이꽃 휘어 꺾으며
풀숲을 지나서 산길을 걸어간다.

흐르는 구름인가 말없이 미소 짓던
그 사람이 오늘은 아름다운 산길에서
망설이던 사랑을 고백할 것만 같아.

굴참나무 둘러서서 엿듣고 있는
우린 지금 젊어서, 하늘 푸른 오정
떨리는 손끝으로 산꽃다발 엮는다.

달개비 패랭이꽃 휘어 꺾으며
풀숲을 지나서 산길을 걸어간다.

이 향 아

충남 서천 출생, 경희대학교 국어국문학과 졸업, 문학박사, 1965년 현대문학으로 등단, 시집 「살아 있는 날들의 이별」, 「당신의 피리를 삼으소서」, 「오래된 슬픔 하나」 등 16권, 수필집 「하얀 장미의 아침」, 「쓸쓸함을 위하여」 등 13권. 문학이론서 「문학의 이론」 외 1987년에 시문학상 1995년 전라남도 문화상 국제, 1997년 광주문학상, 1998년 윤동주문학상, 2003년 한국문학상을 수상, P.E.N 한국본부, 한국여성문학인회, 한국비평가협회 이사, 현대시인협회 부이사장, 한국시인협회 중앙위원, 시누대 회장, 기픈시 동인.

H.P : 010-3959-3302 E-mail : poetry202@hanmail.net
주소 : 135-505 강남구 도곡동 465번지 우성4차A 7동 702호

그 하얀 저 언덕 외 4편

장 미 숙(초원)

그는 내게서 조용히 떠나갔건만
나는 그에게서 떠나오지 못하네
새벽별 빛나는 하늘 즐기는 내가
노을이 아름답다던 그 때 그 말에
자주 저녁하늘을 기다리고 있네
풀빛 바다를 좋아하는 내가
하얀 비둘기가 사랑스럽다던
그가 생각나 푸른 하늘에서도
흰 구름 조각을 찾아 떠돌고
내게서 홀연히 떠나간 그에게서
쉬이 떠나오지 못하는 나는
이 푸른 계절에 벌써부터 눈 덮인
하얀 언덕을 긴 목으로 기다리네
눈부시도록 그 하얀 저 언덕을.

나의 뜨락에

나의 뜨락에 그대를 초대합니다
그대를 위하여 초록잔디를 고르고
물 뿌린 나무에 맑은 햇살 들여
어여쁜 꽃들을 피워놓았답니다
그대 환한 얼굴로 벌 나비와 함께
향긋한 바람을 몰고 오시겠지요
지저귀는 새들도 데려 오세요
잎새 반짝이는 대추나무 아래
흔들흔들 그네의자에 앉아서
우리는 나란히 하늘을 바라보다
대추가 달고 달게 잘 익었다며
서로의 입에 한 알씩 넣어주겠지요
상쾌하고 햇빛 고운 싱그런 날
나의 뜨락에 그대를 초대합니다.

돌아오라 돌아오라

둘이 함께 오르던 푸른 언덕에
그날처럼 바람이 불고
보랏빛 들국화 온 몸을 흔들어
향기롭게 우리의 안부를 묻는다
언덕위에서 바라보면 붉게 타던 노을
오늘도 그대로 내 가슴을 태운다
이별 인사 없이 먼 곳에 있는 사람아
들국화 춤추는 바람의 동산으로
돌아오라 돌아오라
기약 없는 무소식 묵묵히 흐르는 시간
한 순간도 잊혀지지 않는 사람아
들국화 꽃잎이 흩어지기 전에
돌아오라 내게 돌아오라.

봄의 속삭임

샛강에 얼음 녹아 시냇물 맑은 소리
버들가지 바람결에 춤을 추어요
살랑대는 봄바람 가슴으로 스미어
부르는 이 없어도 기분 좋은 외출
모르는 사람도 반가운 봄길에
그대가 다가오면 얼마나 좋을까
꽃가지 위에 소곤대는 작은 새들
그 고운 속삭임 들어 보아요

들에 피는 풀잎들 연둣빛 꿈 위에
벌 나비도 즐거이 춤을 추어요
향기로운 꽃내음 온몸으로 느끼며
그대를 만나고픈 기분 좋은 봄날
연분홍 복사꽃 화사한 꽃담길
살며시 넘겨보는 황홀한 설레임
꽃수레 타고 달려오는 봄빛 연인
그 고운 속삭임 들어 보아요.

사피니아 꽃다리

무지개 구름다리 함께 걸어서
성당에 오고가며 꿈을 키운 소망
먼 훗날 기약하고 손잡은 우리기도
사피니아 아롱다롱 꽃피운 다리
조명등 아래 미소 짓는 꽃 입술
긴 밤 지새우던 그 날을 말하네
무지개 구름다리 위에 올라가면
먼저 온 친구가 웃고 있을 것 같아
걸음을 재촉하여 가까이 다가가니
사피니아 아롱다롱 꽃피운 다리
바람만 꽃 사이를 휘어 돌면서
꽃들도 미안한지 향기를 숨기네.

장 미 숙(초원)

한국문인협회, 한국가곡작사가협회, 충남문인협회, 평택문인협회 회원
미국 에피포도 문학상, 문예사조 문학상, 시집 「목마른 낙타」, 「나비의 눈으로」, 발표가곡 「첫눈 오는 밤」, 「사과꽃 향기」 외 다수
H.P : 010-3748-1261　E-mail : rose0724@hanmir.com
주소 : 450-725 경기도 평택시 비전2동 221-7 (3층)

연주대 외 2편

전 산 우

어서 오라고 어서 높이 올라오라고
손 흔들고 가슴 열어 반기는 산

티끌 먼지 뒤로하고 바위산을 올랐더니
흘러가는 바람 물살에 세상 눈물 씻으라네

예 어디 내 서툰 도끼로 오두막 세워
구름 노을 달빛 어울려 노래하고 싶은데
꽃 청산 별 은하 더불어 살아가고 싶은데

산 아래 춘하추동 내 시린 인연들이
애써 올라온 산을 아니 어서 내려오라네
아니 어서 내려오라네.

비가 내리는데

꽃잎이 흰 눈처럼 윤중로에 내리는데
다정하던 그날처럼 꽃비가 내리는데
도란도란 이야기꽃 아직도 새록새록
긴 세월 돌아와도 생생한 추억이여

바람이 부는 날 하 그리워 찾아왔네
봄비처럼 속삭여 놓고
멀리 떠난 사랑이여
아득한 꽃비 속을 눈물로 가다 서다
멀어지던 어깨를 꿈엔들 잊을리야

꽃잎이 지는 날 하 그리워 찾아왔네
풀잎처럼 흔들어 놓고
가슴 울린 사랑이여
아득한 꽃비 속을 눈물로 가다 서다
멀어지던 어깨를 꿈엔들 잊을리야
꿈엔들 잊을리야.

현호색(玄胡索)

어느 한적하고 양지바른 길섶이었나
언제였나, 봄바람을 따라나선 날이
연둣빛 어우러진 산길을 오르다가
아름다운 네게로 다가선 날이

사랑은 그렇게 시작되는 건가 봐
우연히 나선 길에 너를 만난 것처럼
사랑은 그렇게 그리워하는 건가 봐
두고 온 너를 자꾸 생각하는 것처럼.

※ 현호색 : 양꽃주머니과의 다년초. 산과 들에 나며
한봄에 트럼펫을 닮은 홍자색 꽃이 핌.

전산우

강원도 인제 출생, 1996년 문학세계 시부문 등단, 산악문학 계간 문예지 [詩山] 회장 · 편집 장 역임, 한국문인협회 회원, 시산, 한국가곡작사가협회 회원, 2001년 2월 제1회 시산문학상 대상 수상, 시집 「깊은 밤이 거기 서 있지만」, 「내 영혼 속의 풍향계」, 「바람의 입술」, 공저 시집 「全 詩人 오늘은 어느 山인가」, 단편 「화왕산 가는 길」 등 발표.

H.P : 010-4331-1232　E-mail : 76jeonsy@hanmail.net

주소 : 403-849 인천광역시 부평구 십정동 574번지 18/5

어머니 홀씨 외 4편

전 석 홍

조그만 식당 보도블록 틈새에
민들레 꽃 하나 실바람에 흔들리네
어디 한 곳 손바닥 내밀데 없는
세상의 외톨박이 섬이 되어
노랑 외눈을 뜨고 밑바닥 목숨줄
짓밟지 말라 짓밟지 말라 애원 하네

산들바람에 온몸을 흔들리면서
솜털 날개 새로이 돋혀
뼈와 살을 녹이는 이곳이 아닌
머언 들판으로 날아가고 싶어 하더니
빈 바람에 눈물의 홀씨를 떨구는
아아 민들레 우리 어머니, 어머니.

남산이 환하다

메마른 가지마다 묻어 둔 웃음꽃을
활짝 터뜨리는 남산의 벚꽃들이
사월의 꽃불로 활활 타오른다

현란하게 쏟아내는 꽃들의 이야기를
세상을 바라보는 경이의 눈망울을 보아라
바람도 지나다가 살짝 볼을 부비고
햇살도 내려와 나비날개를 펼쳐 노닌다

바라만 보아도 아지랑이 가슴이 트인다
꽉 막힌 시멘트 감옥을 뚫고 나가
내 마음의 어둠을 환히 밝혀야 겠네.

월출산 연가

동녘 하늘 머리 이고 버티어 서서
말갛게 씻은 해와 달을 띄워 올리니
낭주골 온 누리가 밝고 환하구나
월출산은 우리 마음의 고운 빛살이어라

온 땅의 생명 기운 한데 모두어
봉우리 드높이 치솟아 오르니
가슴마다 스미는 기氣 넘치는구나
월출산은 우리 혼의 기상이어라

하얀 이마 번뜩이는 천황봉아래
왕인박사 도선국사 기루었느니
골골마다 문화꽃 향기 은은하구나
월출산은 우리의 가없는 자랑이어라.

오솔길을 걸으며

산줄기 굽이치는 숲길을 걷는다
아득한 날 왕인박사 이 길을 오가며
학문의 돌탑을 쌓아올리고
깊은 사색의 바다에 잠겼으리라

수없이 밟고 간 이름 없는 발걸음들
한 발짝 두 발짝 마음도장으로 찍히어
오솔길의 발자취 이루었거니
옛 하늘 더듬으며 구름길을 걸어간다

우러러 신령바위 봉우리마다
피어오르는 맑은 산의 정기
내 핏줄 속 스미어 흐르는가
씻은 듯 산뜻 기운 온몸을 휘감는다.

고향에 살자

친구들아 모여라 고향에 살자
은적산 줄기줄기 봉우리 맺고
골짝이 굽이굽이 냇갈 이루어
아담히 자리 잡은 아늑한 마을

친구들아 모여라 고향에 살자
뒷동산 비탈 잔디 미끄럼 타고
봄 삐비 뽑아다가 허기 채우고
산으로 들판으로 내달려 보자

친구들아 모여라 고향에 살자
버들가지 꺾어서 피리 만들어
보리밭 사이사이 릴리 릴리리
자운영 논에 가서 나비를 잡자

친구들아 모여라 고향에 살자
더우면 냇갈 가서 목욕을 하고
맑은 물 돌 밑에서 가재를 잡고
해거름 낚시대로 피라미 잡자

친구들아 모여라 고향에 살자
월출산 천황봉에 보름달 뜨면

모두모두 손잡고 달빛을 밟고
달 따러 신작로길 내달려 보자

전 석 홍

전남 영암 출생, 서울대문리대 정치학과 졸업, 계간 시와시학 등단, 광주시장, 전남 도지사, 제15대 국회의원 역임, 시와시학 문학회 회장 역임, 현 여의도 연구소 이사장, 시집 「담쟁이 넝쿨의 노래」. 「자운영 논둑길을 걸으며」, 「내 이름과 수작을 걸다」 등

H.P : 010-3269-1805 E-mail : sukhjun@hanmail.net

주소 : 135-812 강남구 논현동 9-7 엘림빌라 6-1

그리움 외 2편

전 성 규

봄 햇살을 닮은
나뭇잎 하나
오후 세 시의 나뭇가지에 걸려
은빛 비늘로 반짝이네
오월의 터~엉 빈 하늘 위로
문득
사랑하는 사람 생각나
무작정 그에게 달려가고 싶지만
아~
님은 닿을 수 없는 곳에 있어
먼 하늘의 조각구름만 멍하니
바라보고 있을 뿐
바라보고 있을 뿐

바보사랑

하고 많은 별들 중에
왜 하필 너였는지

텅 빈 하늘 바라보면
왜 이리도 네가 보고 싶은지

멀리 떨어져 있으면
외로워지고

곁에 있으면
왜 이리도 그리움만 아득해 지는지

밤하늘의 별을 생각하면
입가에 미소 짓다가도

왜 자꾸 가슴이 저려만 지는지~
왜 자꾸 눈물이 나는지~

그리운 바닷가

걷고 싶어요
바닷가 하얀 백사장을

그대의 손을 잡고
그날 밤 그 바닷가 백사장을
끝없이
걷고 싶어요

까르르 웃음 짓는
하얀 파도 위에
푸른 발목을 적시며
꿈속을 거닐고 싶어요

그대와 둘이서
그대와 영원히

전 성 규

강원대 경영행정대학원 졸업(2002년), 조선일보(독자기고)에 '나도 저리 노랗게 물들 수만 있다면' 발표(2003년), 계간 시인정신으로 등단(2004년), 시인정신 작가회, 강원문인협회, 평창문학, 한국가곡작사가협회 회원. 시집 「고향.com」(2003년), 「그리움만 남겨두고」(2006년), 「그리움.com」(2008년), 강원일보 주관 '김유정 탄생 100주년 기념 전국문예작품 공모전' 장려상(2007년), 서울 용산도서관 주관 창작시 공모전 우수상(2007년), 현 대한상공회의소 능력기획팀장

TEL : 033-262-7184 E-mail : sk7184@hanmail.net
주소 : 200-170 춘천시 퇴계동 한주(아) 101-503

안개꽃 사이로 외 2편

전 재 승

사랑이여,
안개꽃 사이로
너를 그려 본다.
불러도 대답할 리 물론 없지만
더러는 아련한 미소로 다가와
별이 되고, 꽃이 되고
바다가 되는 내 사랑
흔들리는 창문 너머
노래 되고, 목숨 되는
내 사랑 너를 위하여.

사랑이여,
안개꽃 사이로
너를 기다린다.
손짓해도 돌아올 리 아득하지만
어쩌다 그리운 바람에 실려와
강이 되고 들이 되고
하늘이 되는 내 사랑
설레이는 가슴 깊이
눈물 되고 불꽃 되는
내 사랑 너를 위하여.

겨울 나그네

강촌 설경이
내가 그린 산수화

그 속에
열린 하늘, 펼쳐진 시원(始原)

붓끝 스쳐 흐르는
거울 같은 강물

태초의 햇살 비치는
눈부신 그리움의 강(江)

강이 풀리면
물무늬 깊은 가슴에
조약돌 던져 버리고

영원을 싣고 떠나는 배
저편 강나루 향하는
겨울 나그네 된다.

꽃상여

강 건너
구름 가고

만가(輓歌) 소리
서럽게 들려 온다

서(西)으로 가는
목숨
무정타, 꽃상여야

산국화
부질없이 흔들리는
고즈넉한 산길에서.

전 재 승

明知大 대학원 문예창작 전공 졸, 1986년 『詩文學』 추천으로 데뷔, 제9회 「문학과 의식」 신인상 수상, CBS문화센터 강사, 「文學과 비평」 기자와 편집장을 거쳐 편집인 역임, 현 「문학사계」 편집위원, 제7차 개정 고등학교 국어 교과서 검토위원, 한국문인협회, 한국현대시인협회, 한국시문학회, 한국현대문예비평학회, 한국가곡작사가협회, 녹색문인회, 한국기자협회에서 활동, 2005년 한국통신 KT 라디오 광고에 〈가을詩 겨울사랑〉 3개월간 방송, 시집 「가을詩 겨울사랑」 (시문학사) 등
H.P: 010-5582-9410 E-mail : abtel@unitel.co.kr
홈페이지 http://www.jjs.i21c.net
주소 : 503-062 광주광역시 남구 봉선2동 11번지

산나리꽃 외 4편

조 병 기

여름날 아침 산책길에서
이슬 머금고 미소짓는 소녀를 만나
솔내음 솔솔 무슨 얘길 할까요.
첫사랑 얘기가 듣고싶다기
숨어 우는 뻐구기 소리 들으라했지요.

아무래도 세상에서 아름다운 사랑은
그리움 안고 기다리는 사랑 아닐까
언제 보아도 아쉽고 그리운 소녀는
이 여름 가고나면 잊혀질까
아름다운 이별의 추억이 되겠지 .

하늘이 저리 푸른데

하늘이 저리 푸른데 날개 펼 하늘이 없겠느냐
아침이슬 털어내는 햇살이듯
튼튼한 날개의 힘으로 무한대의 창공을 날아라
파도면 어떻고 돌밭길이면 어떻랴
청동빛 푸른 빛살로 솟구치는 힘으로
투명한 눈빛으로 차거운 이상으로
피가 도는 바위가 되자
가슴부딪치는 파도가 되자
하늘이 저리 푸른데
꿈도 푸르게 창공을 날아라.

이 가을엔

이 가을엔 모두 행복해야 하겠습니다
이 가을엔 우리 모두 평화로워야 하겠습니다
노을 비낀 산자락에 피어오르는 꽃구름
지난 여름 상처랑도 훌훌 털어버리고
스스로를 오롯이 세워야 할때
산들이 둥돌리는 일 보았는가
구름이 둥돌리는 일 보았는가
깊은밤 혼자이게하고
이름없는 바람에 속고 있다해도
소망의 별떨기 주워모아 빈 가슴을 채워야 히리
뜨거운 성숙의 이 한때
여름내 지치지 않고 여기에 와 있거니
이 가을 우리 모두 사랑해야 하리.

산

내가 지금 어디쯤 와 있는지
산은 말해주지 않는다
그러나 산은 높은 곳에 있어도 낮은 곳에 머물고
낮은 곳에 머물러도 저만큼 높은 곳에 서 있다
산은 다가 갈수록 멀리 있고
멀리 있다가도 내 곁으로 다가온다
산은 그대로 거기 서 있지만 내게 와있다
그러나 엔제쯤 산의 말씀을 들을 수 있을까

안개 속에서

신발이 무거웠던 그 사내가 앉았다 갔을까
아직도 종이컵에는 식지 않은 미련이 남아 있다
안개 속에서는 또 하나 생명이 태어나고 있을까
제 무게를 견디지 못해 추락하는 것들을 위하여
밤새껏 등불을 끄지 않는 사람은 아름답다
지나가던 바람이 다가와 팔짱을 끼자고 하지만
이슬보다 먼저 떠나는 약속을 바라보며
벌거벗은 나무에 등불 하나 밝히는 그 사람은 누구일까.

조병기

전남장성 출생, 1972년 시조문학으로 등단, 1981년 경향신문 신춘문예 시조 당선, 1981년 현대문학으로 시 등단, 한국시인협회, 펜클럽 한국본부, 우리시 회원, 시집 「가슴속에 흐르는 강」, 「바람에게」, 「숲. 日記」, 「산길을 걸으며」, 시선집 「회귀의 바람」

H.P : 010-2055-0859 E-mail : bkc-105@hanmail.net

주소 : 449-030 경기 용인시 처인구 남동 583 명지엘펜하임 107동 901호

가시못 외 4편

백토 조 일 규

달빛 속에 활짝 웃는 목련을 보았네.
그대는 얼마나 많은 먹물을 쏟았으면
하얀 자태가 밤하늘 눈부시게 곱구나.
나의 살아온 날들을 뒤돌아보면
얼마나 많은 가시못을 가슴에 박아야
정녕 그대만을 사랑할 수 있으리.

오월이면 아카시아 꽃잎을 보았네.
겨우내 얼마나 혹독한 쓴물 토했으면
하늘가득 달디 단 꿀 향기로 덮누나.
대장간 불가마 속으로 나를 던져
당신만이 필요한 연장으로 거듭나서
그 사랑 영원히 차지하고 싶어라.

꽃바람

오늘처럼 좋은날에는 강 건너 불어오는
꽃바람이고 싶다 꽃대를 잡아 흔들어
잠에서 깨어나면 그꽃 속에 안기고 싶네.
나 지금 어느 몸집 작은 꽃바람 되어서
그대의 품에 안겨서 잠들고 싶어라.
살다보면 때로는 외롭고 힘겨운 날엔
나비처럼 바람처럼 기척 없이 다가가서
그대에 잠들고 싶네.

오늘처럼 행복한 날에는 산허리 타고 넘는
솔바람이고 싶다 열린 듯 닫힌 그대 가슴
옷고름을 풀어놓고 단꿈에 잠들고 싶네.
나 지금 어느 몸집 작은 꽃바람 되어서
그대 품에 안겨서 잠들고 싶어라.
살다보면 때로는 외롭고 힘겨운 날엔
나비처럼 바람처럼 기척 없이 다가가서
그대에 잠들고 싶네.

꽃이 된다네

밤하늘에 별들은 바람을 벗 삼아서
슬픔도 미움도 사랑으로 노래하며
산 아래 풀꽃들은 새벽이슬 맞으며
세월도 고달픔도 웃음향기 피우네.
우리네 인생사 원망도 미움도 비켜라
아껴주고 사랑하며 행복꽃을 피우리다.

사람들은 모두가 사랑에 빠져들면
아침에 활짝 웃는 꽃으로 핀다하네.
실바람 하나에도 독수리 날개처럼
보랏빛 사랑으로 행복을 만든다네.
하지만 너나 누구 그 사랑이 식어지면
꽃잎은 시들고 별은 소리내어 운다하네.

꿈속의 어머니

1)
동네모두 손에, 손잡고 꽃 나들이 가던 날
수건 덥석 눌러쓰고 텃밭 한쪽 모퉁이에
손에는 호미 들고 가슴속엔 자식사랑
물 한 모금 허기를 때며 눈물 메고 계셨네.
키울 때 그뿐이라 하였건만 자식이 뭣이기에
자식 하나 잘되기를
허기도 감추고 눈물도 참으셨네.

2)
친구네는 차려입고 춤 굿 보러 가던 날
먹이 찾는 학처럼 바닷가에 엎드려서
손에는 조새 들고 머릿속엔 자식걱정
부서지는 파도소리에 시름을 달래셨네.
한평생을 자식걱정 청춘을 바치시고
못난 자식 철들만하니
북망산이 어디라고 가고 아니 오시네.

3)
살아생전 늘 하시던 당신의 작은 욕심
비단양단 사치며 진수성찬 잔칫상도 아니다
너희들 잘 커서 좋은일만 많아라 하셨는데

아침엔 까치가 찾아와서 좋은소식 전합디다
오늘밤 꿈길엔 웃음 훨훨 몸에 감고
덩실덩실 오시려나.
초저녁 달병석이 졌던데 제발 비나오지 말거라.

4)
눈이오나 비가오나 자식하나 잘되기만
청춘을 다 바치시고 눈도귀도 멀다더니
어느 날 홀연히 그 멀다는 꽃길따라 가셨네.
이젠들 천번만번 울어본들 무엇하리까
부모님 살아생전에 다 못한 서러움
바칠 것은 눈물뿐
뒤돌아서 불러 봐도 눈물밖에 없어라.

나, 사는 날에는

미우나 싫으나 되돌릴 수 없는
지난 일들에게는 후회나 원망도 말자.
다만 내일 되어 질 작은일 하나에도
최선을 다 한 후에 절대감사 하자.
나 이제 돌아서서 미움 없게 살리라
사는 날 동안에는 미움도 원망도
사랑으로 감사며 손잡게 하시소서.

나의 모두 바치는 그날 순간까지는
원도 없이 사랑하자 서로 기대며 가자
높은 자리 자랑말고 낮다하여 낙심말라
돌아온 길 돌아보며 천천히 가자구여
나 이제 돌아서서 후회 없게 살리라
사는 날 동안에는 슬픔도 괴로움도
사랑으로 도우며 이겨내게 하시소서.

조일규

전남 진도 출생, 2004년 월간 문예사조로 등단, 한국문인협회, 국제펜클럽 회원, 강서문학, 짚신문학 부회장, 알곡문학회 회장, 짚신문학상 수상(2007년). 강서문학상(시) 수상(2009년)

H.P : 016-797-1919 E-mail : choig520@hanmail.net

주소 : 157-866 강서구 화곡본동 24-34 송림402호

목련 외 1편

진 일

계절이 문을 열던 날
모퉁이 돌아돌아
얼음 꽃 눈물 흘릴 때
하얗게 기지개 펴는 목련 목련들
색깔 없는 편지지에
장신구를 매달고
한 소절 부르고 떠난 높은음자리표에
낮 달 같은 웃음이 열리고 있다
그들은 이 계절의 우체부 우체부다

사월을 흔드는 바람
가지 사이사이로
그네를 타고 노래할 때
연애편지 같은 그리운 속삭임들
기약 없는 기다림에
눈물을 흘리고
한 소절 부르고 떠난 높은음자리표에
낮 달 같은 웃음이 열리고 있다
그들은 이 계절의 우체부 우체부다

장모님 마음

장모님 닮은 아내가 사랑스러워
장모님이라는 이름만으로도 그리워
장모님 뵈러 가는 길
길 가에 꽃들이 피었네
만발하여 반기네
우리 사위 기분 좋으라고
어서 오라고 반기는 장모님 마음
꽃같이 아름답네
아내 잘 만나서 이런 사랑 받으니
좋아라. 내가 가는 길
장모님 사위라서 좋네

사위 사랑은 장모님 사랑이라고
언제 찾아가도 반갑게 맞아주어서
장모님 뵈러 가는 길
하늘까지 화창하게 반기네
따스하게 반기네
우리 사위 당당히 오라고
어서 오라고 반기는 장모님 마음
하늘 같이 높기만 하네
고달픈 삶에도 이런 사랑 받으니

좋아라. 내가 가는 길
우리 장모님이라서 좋네

진 일

전남 고흥 출생, 1992년 풀밭동인으로 작품 활동 시작, 노동문학상 은상 수상, 현재 경마장 근무

H.P :010-2559-6435 E-mail : hol6103@hanmail.net

주소 : 413-785 파주 교화읍 와동리 11블럭 동문굿모닝힐A 1104동 2102호

한라산 외 4편

한 문 수

1.수평선을 가슴에 품고
천 년의 물살을 가르는 바위섬.
파란 하늘가 바람에 몸을 맡기고
흘러 흘러 흐르다가
백록담에 내려앉은 흰 구름
구름 꽃이 피었네
하늘 꽃이 피었네

2.
천 년의 바다를 두르고
물살을 헤쳐가는 바위섬
한라산 백록담 산정에
우뚝 선 노루 한 마리
발밑에서는 송이송이
구름 꽃이 피어난다
하늘 꽃이 피어난다.

황사 (黃砂)

자고 나니
또
하나의 하늘길이 열렸네
푸른 하늘
잿빛 하늘
그리고
황사 짙은 하늘

또 하나의 이부자리 생겼네
구름
안개
그리고
황사

꽃들의 기침 소리
까마귀의 울음소리
이 모두 깊어가는 꿈길 속
머언
여정(旅程)이네.

길

우리가 왜
무엇 때문에
붉은 밤을 새웠는가
왜 눈시울을 적시었는가

그날 나는 하나가 아님을 알았네
그날 우리는 하나가 됨을 알았네

모두가 잠든 밤
우리는 푸른 하늘을 날고 있는
새인 것을 알았네

이 세상에는
넓고 넓은 길도 많지만
그러나 우리는
이 들풀 우거진 길을 택하였네.

나의 영혼

한 잎 낙엽이 듯 훌훌 털고 떠나는
우리네 이웃들 어제도 오늘도
또 내일도
백색의 영혼으로 다시 태어나
파아란 하늘가 떠가는 구름
당신은
나의 영혼이어라.

한 문 수

서울출생, 짚신문학회 수석상임부회장, 한국문인협회, 국제펜클럽, 회원, 한국가곡작사가협회 부회장, 한글날큰잔치조직위자문위원, 연합뉴스 포토데스크 부국장.

H.P : 010-7166-5417 E-mail : pureundol@hanmail.net

홈페이지 http://한문수.kr/

주소 : 404-180 인천시 서구 연희동 811-1 청라자이A 117동 1303호

복사꽃 그늘에서 외 4편

홍 해 리

돌아서서
새실새실 웃기만 하던 계집애
여린 봄날을 후리러
언제 집을 뛰쳐나왔는지
바람도 그물에 와 걸리고 마는 대낮
연분홍 맨몸으로 팔락이고 있네.

신산한 적막강산
어지러운 꿈자리 노곤히 잠드는
꿈속에 길이 있다고
심란한 사내 달려가는 허공으로
언뜻 봄날은 지고
고 계집애 잠들었네.

꽃나무 아래 서면 눈물나는 사랑아

꽃나무 아래 서면 눈이 슬픈 사람아
이 봄날 마음 둔 것들 눈독들이다
눈멀면 꽃 지고 상처도 사라지는가
욕하지 마라, 산것들 물오른다고
죽을 줄 모르고 달려오는 저 바람
마음도 주기 전 날아가 버리고 마니
네게 주는 눈길 쌓이면 무덤 되리라
꽃은 피어 온 세상 기가 넘쳐나지만
허기진 가난이면 또 어떻겠느냐
윤이월 달 아래 벙그는 저 빈 자궁들
제발 죄 받을 일이라도 있어야겠다
취하지 않는 파도가 하늘에 닿아
아무래도 혼자서는 못 마시겠네
꽃나무 아래 서면 눈물나는 사랑아.

황태의 꿈

아가리를 꿰어 무지막지하게 매달린 채
외로운 꿈을 꾸는 명태다, 나는
눈을 맞고 얼어 밤을 지새우고
낮이면 칼바람에 몸을 말리며
상덕 하덕에 줄줄이 매달려 있는
만선의 꿈
지나온 긴긴 세월의 바닷길
출렁이는 파도로 행복했었나니
부디 쫄태는 되지 말리라
피도 눈물도 씻어버렸다
갈 길은 꿈에서도 보이지 않는
오늘밤도 북풍은 거세게 불어쳐
몸뚱어리는 꽁꽁 얼어야 한다
해가 뜨면
눈을 뒤집어쓰고 밤을 지새운 나의 꿈
갈가리 찢어져 날아가리라
말라가는 몸속에서
난바다 먼 파돗소리 한 켜 한 켜 사라지고
오늘도 찬 하늘 눈물 하나 반짝인다
바람 찰수록 정신 더욱 맑아지고
얼었다 녹았다 부드럽게 익어가리니
향기로운 몸으로 다시 태어나
뜨거운 그대의 바다에서 내 몸을 해산하리라.

수련(睡蓮) 그늘

수련이 물위에 드리우는 그늘이
천 길 물속 섬려한 하늘이라면
칠흑의 아픔까지 금세 환해지겠네
그늘이란 너를 기다리며 깊어지는
내 마음의 거문고 소리 아니겠느냐
그 속에 들어와 수련꽃 무릎베개 하고
푸르게 한잠 자고 싶지 않느냐
남실남실 잔물결에 나울거리는
천마天馬의 발자국들
수련잎에 눈물 하나 고여 있거든
그리움의 사리라 어림치거라
물속 암자에서 피워올리는
푸른 독경의 소리 없는 해인海印을
무릎 꿇고 엎드려 귀 기울인다 한들
저 하얀 꽃의 속내를 짐작이나 하겠느냐
시름시름 속울음 시리게 삭아
물에 잠긴 하늘이 마냥 깊구나
물잠자리 한 마리 물탑 쌓고 날아오르거든
네 마음 이랑이랑 빗장 지르고
천마 한 마리 가슴속에 품어 두어라
수련이 드리운 그늘이 깊고 환하다.

맥문동 꽃길

맥문동 꽃몽둥이 보랏빛으로
너에게 늘씬하니 얻어터져서
한 석달 열흘 가량 눕고 싶어라
온몸이 시커멓게 멍이 들어서
손가락 하나 까딱 하지 못하고
푸르게 푸르게나 죽고 싶어라.

마음이 시려워도 울지 못하고
열나흘 열엿새쯤 그것도 칠월
달빛 받아 꽃보라 흐드러질 때
마음 한번 열기도 버거운 새야
꽃물들어 하얗게 타 버리도록
지나새나 젖어서 취해 있어라.

홍 해 리

충북 청원 출생, 고려대학교 영문학과 졸업, (사)우리시진흥회 초대 이사장 역임, 1969년 시집 「投網圖」를 상재 후 16권의 시집으로 작품 활동, 시선집 「비타민 詩」 외 1권, 현재 (사)우리시진흥회 명예이사장
H.P : 010-2379-6228 E-mail : hongpoet@hanmail.net
http://www.blog.daum.net/hong1852
주소 : 142-892 서울 강북구 삼양로 159길 64-9(우이동 124-17)

노래시집 18

▌시는 노래가 되어▐

부 록

Ⅰ. 회칙

Ⅱ. 연혁

Ⅲ. 노래시집 발간

Ⅳ. 2010년 사업계획

Ⅴ. 임원이사

I. 회 칙

제1장 총　칙

제1조(명칭) : 본회의 명칭은 「한국가곡작사가협회」라 한다.

제2조(목적)

1. 본회는 회원들에게 작사의욕을 높여주고 작품발표의 기회를 확대하며, 작사에 따른 우리의 권익보호와 나아가 상호 간의 친목을 도모하는 데 있다.
2. 본회는 작곡가들에게 좋은 가사를 제공함으로써 작곡가들로 하여금 작곡의 기회를 넓혀 주고 아름다운 곡을 창작케 하여 널리 불리어지게 하는데 그 목적이 있다.

제3조(본부) : 본회는 서울특별시에 본부를 둔다.

제2장 사　업

제4조(사업) : 본회는 제2조의 목적을 달성하기 위하여 다음과 같은 사업을 수행한다.

1. 작사활동 및 좋은 작품 발표
2. 연구 발표회 및 강연회
4. 작곡발표회 협조 및 가곡 창작대회 개최
5. 작사에 따른 회원의 권익보호
6. 회원 상호 간의 친교활동
7. 기타 본회의 목적 달성에 필요한 제반활동

제3장 회　원

제5조(회원자격) : 본회의 목적에 찬동하고, 음악을 사랑하며, 한국가곡 작사에 관여했거나 관심이 있는 사람으로, 임원회의 심의를 거친 후 입회비와 연회비를 납부한 자로 한다.

제6조(회원의 권리) : 본회 회원의 권리는 다음과 같다.

1. 선거권 및 피선거권
2. 작사에 따른 제반 권익보호를 받을 권리
3. 본회의 제반활동에 참가할 권리

제7조(회원의 의무) : 본회 회원의 의무는 다음과 같다.

1. 회칙에 따라 행하여지는 제반 결의사항을 준수할 의무
2. 정한 기간 내에 일정한 작품을 제출할 의무
3. 소정의 회비를 납부할 의무

제8조(회원의 자격상실) : 본회 회원은 다음과 같은 경우에 회원의 자격을 상실한다.

1. 정당한 사유 없이 연회비를 2회 이상 납부하지 않았을 경우
2. 본회의 명예를 심히 실추시켰을 경우

제4장 조　직

제9조(조직) : 본회의 운영을 위하여 다음과 같은 조직을 둔다.

1. 고　　문 : 본회는 운영상 필요하다고 인정되는 약간명의 고문을 둘 수 있다.
2. 자문위원 : 본회 운영상 필요하다고 인정되는 약간명의 자문위원을 둘 수 있다.

3. 명예회장 : 본회는 전임 회장을 역임한 분은 당연직 명예회장이 된다.

4. 이　　사 : 이사는 본회의 임원회에서 선임한다.

5. 특별회원 : 본회의 재정적 지원을 위하여 본회 회원이 아닌 사람으로 특별회원을 둘 수 있다.

제5장 임　원

제10조(임원) : 본회는 다음과 같은 임원을 둔다.

1. 회　　장 : 1명
2. 부 회 장 : 7명 이내
3. 사무국장 : 1명, 사무차장 : 2명, 간사 : 약간명
4. 감　　사 : 2명

제11조(임원 및 의무) : 본회 임원의 의무는 다음과 같다.

1. 회　　장 : 본회를 대표하여 모든 회의를 총괄한다.
2. 부 회 장 : 회장을 보좌하며 회장 유고시 이를 대행한다.
3. 사무국장 : 본회의 제반 업무를 기획 추진 관리한다.
4. 사무차장 : 사무국장을 보좌하며 유고시 이를 대행한다.

제12조(선출 및 임기) : 본회 임원의 임기는 2년으로 하되, 회장, 부회장 및 감사는 총회에서 선출하고 나머지 임원은 회장단에서 선임한다. 단, 모든 임원은 연임할 수 있다.

제6장 회　의

제13조(종류) : 본회의는 총회와 임원회 및 이사회로 한다.

제14조(총회)

1. 총회는 정기총회와 임시총회로 구분하며, 정기총회는 매년

1월 중에 회장이 소집하고, 임시총회는 임원의 2/3 이상의 요청이 있을 때나, 재적 총회원의 1/3 이상의 요청이 있을 때 회장이 소집한다.

2. 총회에서 의결하는 사항은 다음과 같다.

(1) 회칙 개정

(2) 임원(회장단) 선출

(3) 사업보고

(4) 사업계획 및 승인

(5) 예산 및 결산승인

(6) 기타 중요 사항

제15조(임원회)

1. 3개월에 1회씩 정기적으로 소집하며 사업계획 및 기타 회무를 처리한다.
2. 회원가입 및 자격상실 등을 다루되, 출석한 임원의 만장일치로 결의한다.
3. 임원회에는 회장, 부회장, 회장을 역임한 자로 구성한다.

제16조(정족수) : 총회의 정족수는 총회원의 1/3 이상이 될 때 성립되며, 모든 의결은 출석회원 과반수의 찬성으로 한다.

제7장 재원 및 회계 연도

제17조(재원) : 본회의 운영 기금은 회원이 납부하는 회비와 기타 찬조금 등으로 충당하며, 회원의 연회비는 임원회에서 결정한다.(회장 30만원, 부회장 20만원, 이사 10만원, 회원 5만원, 입회비 15만원)

제18조(회계 연도) : 본회의 회계 연도는 매년 1월 1일부터 당해연도 12월 31일까지로 한다.

제8장 부　칙

제19조(시행세칙) : 본회 운영에 필요한 시행세칙은 임원회에서 정하여 시행한다.

제20조(준용관례) : 본회의 회칙에 규정되지 아니한 사항은 통상관례에 따른다.

제21조(발효) : 본 회칙은 1990년 5월 24일(창립일)로부터 시행한다.

1차 개정 : 본 회칙은 1993년 1월 26일로부터 시행한다.
2차 개정 : 본 회칙은 1994년 1월 19일로부터 시행한다.
3차 개정 : 본 회칙은 2000년 1월 25일로부터 시행한다.
4차 개정 : 본 회칙은 2004년 3월 12일로부터 시행한다.
5차 개정 : 본 회칙은 2006년 2월 3일로부터 시행한다.
6차 개정 : 본 회칙은 2006년 6월 9일로부터 시행한다.

II. 연 혁

창 립 : 1990. 5. 24 시인, 수필가 등 24명이 모여 창립하였다

제01회 : 1992. 12. 2. 호암아트홀
(한국작곡가회 주최, 문화진흥원 후원)

제02회 : 1993. 11. 26. 호암아트홀
(한국작곡가회 주최, 문화진흥원 후원)

제03회 : 1994. 4. 21. 세종문화회관 대강당
(서울시향, 서울 시립합창단 협연)

제04회 : 1994. 9. 23 예술의전당 음악당제1회서울창작가곡제

제05회 : 1995. 4. 24. 부산시민회관 대강당
(서울시향, 서울 시립합창단협연)

제06회 : 1995. 8. 09. 예술의전당 음악당-광복 50주년 기념 제2회 서울 창작 가곡제

제07회 : 1995. 9. 02. 유림아트홀(인천작곡가회와 합동주최)

제08회 : 1995. 10. 14. 문예회관 대강당
(부산 작곡가회와 합동 주최)

제09회 : 1995. 11. 09. 호암아트홀(배달 녹색 연합회)

제10회 : 1996. 6. 06. 전북예술회관(전주 작곡가회와 합동 주최)

제11회 : 1996. 7. 15. 제3회 서울 창작 가곡제(세종문화회관)

제12회 : 1996. 8. 16. 서울중등가곡사랑회와 합동,창작가곡발표
(리틀엔젤스예술회관)

제13회 : 1996. 10. 07. 합창곡 발표(리틀엔젤스 예술회관)

제14회 : 1996. 10. 27~28 국립극장(중앙국립관현악단과 합동)

제15회 : 1997. 6. 02. 제4회 서울 창작가곡제 호암아트홀
(한국작곡가회와 합동)

제16회 : 1997. 6. 30. 서울중등가곡사랑회와 합동, 창작가곡발표회
(문예회관 대극장)
제17회 : 1997. 7. 02. 인천예술회관(인천작곡가회 합동)
제18회 : 1998. 5. 12. 부산문예회관(부산작곡회화 합동)
제19회 : 1998. 6. 04. 문예회관 대극장
(서울중등가곡사랑회와 합동)
제20회 : 1998. 10. 22. 제5회 서울창작 가곡제(여의도 KBS홀)
제21회 : 1999. 5. 20. 춘천문화회관(전북작곡가회 주관)
제22회 : 1999. 6. 14. 제6회 서울창작 가곡제
(연세대 100주년 기념관)
제23회 : 1999.10. 07. 전북 예술회관(전북작곡가회 주관)
제24회 : 2000.11. 06. 제7회 서울창작가곡제(국립극장,)
제25회 : 2001. 9. 19. 제8회 서울창작가곡제(국립극장)
제26회 : 2002. 5. 14. 부신 금정문화회관
(한국음악연구회, 작악회 협찬)
제27회 : 2002. 10. 22. 제9회 서울창작가곡제(국립극장)
제28회 : 2002. 11.12. 서초구민회관(서울 중등가곡 사랑회)
제29회 : 2003. 10. 21. 제10회 서울창작가곡제 (명동 꼬스트 홀)
제30회 : 2004. 12. 06. 제11회 서울창작가곡독창제
(국립극장 달오름 극장)
제31회 : 2005. 9. 02. 제6회 서울창작가곡합창제
(국립극장 달오름 극장)
제32회 : 2005.11.11. 제12회 서울창작가곡독창제(백석아트홀)
제33회 : 2006. 6. 16. 제7회 서울창작각곡합창제
(국립극장 달오름 극장)
제34회 : 2006. 10. 27. 제13회 서울창작가곡독창제
(명동성당 꼬스트홀)
제35회 : 2007. 6. 30. 제8회 서울창작합창제(백석아트홀)

제36회 : 2007. 11. 09. 제14회 서울창작가곡제(명동성당 꼬스트홀)

제37회 : 2008. 09.26. 제9회 서울창작가곡합창제(명동 꼬스트홀)

제38회 : 2008. 12. 16. 제15회 서울창작가곡독창제(명동 꼬스트홀)

제39회 : 2009. 09. 18. 제10회 서울창작가곡합창제(장천아트홀)

제40회 : 2009. 11. 15. 제16회 서울창작가곡독창제
(세종문화회관 채임버홀)

제41회 : 2010. 10. 21. 제11회 서울창작가곡합창제(백석아트홀)

제42회 : 2010. 11. 26. 제17회 서울창작가곡독창제(백석아트홀)

제43회 : 2011. 09. 19. 제12회 서울창작가곡합창제
(중앙대학교 아트센터 대강당)

제44회 : 2011. 10. 27. 제18회 서울창작가곡독창제
(아르트TV 연주홀)

Ⅲ. 노래시집 발간

제01집 : 꿈꾸는 40인의 노래(1990년)

제02집 : 그리움으로 피는 40개의 꽃송이(1991년)

제03집 : 시가 흐르는 노래의 강물(1993년)

제04집 : 시와 그리움의 노래(1994년)

제05집 : 한 자락 꿈은 노래가 되어(1996년)

제06집 : 시는 노래가 되어(1997년)

제07집 : 시는 노래가 되어(1998년)

제08집 : 시는 노래가 되어(1999년)

제09집 : 시는 노래가 되어(2001년)

제10집 : 시는 노래가 되어(2002년)

제11집 : 시는 노래가 되어(2003년)

제12집 : 시는 노래가 되어(2004년)

제13집 : 시는 노래가 되어(2005년)

제14집 : 시는 노래가 되어(2006년)

제15집 : 시는 노래가 되어(2007년)

제16집 : 시는 노래가 되어(2008년)

제17집 : 시는 노래가 되어(2009년)

제18집 : 시는 노래가 되어(2010년)

제19집 : 시는 노래가 되어(2011년)

Ⅳ. 2011년 사업계획

1. 노래시집 제19집 발간

- 발간시기 : 2011년 05월 30일
- 수록편수 : 3~5편
- 수록대상 : 회원 시
- 시집제작 : 500권 제작
  (제작비 280만원 예상, 부족금은 협회에서 지원)
- 원고마감 : 2011년 9월30일
  ※원고지 자필원고, fax 접수 사절. 부득이 우편 접수 시는 워드로 작업할 것

2. 제12회 서울창작가곡 합창제

- 발표일자 : 2011년 9월 19일(금요일) 오후 7시 30분
- 발표장소 : 중앙대학교 아트센터 대강당
- 참가인원 : 15명(접수순 단 전년도 미발표자 우선)
- 원고마감 : 2011년 6월 15일 마감
  (기일엄수 이메일 첨부파일로 제출 바람.)

3. 가곡 작사를 위한 세미나 및 노래시집 제19집 출판기념회

- 날 자 : 2011년 9월 중
- 장 소 : 배재학당
- 기 타 : 작곡가 초빙, 노래 시 창작을 위한 세미나와 노래시집
  출판기념회 시낭송 등

4. 제18회 서울창작가곡 독창제

- 원고마감 : 2011년 7월 15일 마감
  (기일엄수 이메일 첨부파일로 제출 바람)
- 발표인원 : 18명(접수순 단 전년도 미발표자 우선)
- 발표일자 : 2011년 10월 27일 오후 7시 30분
- 발표장소 : 아르트TV 연주홀

V. 임원이사

자문위원 : 이향아 조병기

고　　문 : 정치근 엄원용

명예회장 : 박영원

감　　사 : 신영옥 이한숙

회　　장 : 송문헌

부 회 장 : 김석근 김철교 양전형 이광녕 하옥이 한문수

사 무 국 : 상임이사 이대의

사무국장 : 권혁수

이　　사 : 곽금남 김명희 김연하 김태호 김화인
노유섭 류재영 박남권 박달목 박영만
유영애 윤연모 이난오 이한숙 장미숙
전산우 지성해 한여선

노래시집 19

시는 노래가 되어

인쇄일 | 2011. 11 . 15
발행일 | 2011. 11 . 15

발행인 | 송 문 헌
지은이 | 한국가곡작사가협회
홈페이지 | www.jaksaga.net
E-mail | jaksaga7@hanmail.net

펴낸이 | 김 화 인
펴낸곳 | 도서출판 조은

등 록 | 1995년 7월 5일 등록번호 제2-1999호
주 소 | 서울 중구 인현동1가 19-2 대성빌딩 303호
전 화 | (02)2273-2408
이메일 | fine-211@hanmail.net

ISBN 978-89-94329-20-8

값 10,000원

※ 작곡을 원하시는 작곡가께서는 한국가곡작사가협회나 회원에게 문의 바랍니다.

※ 파본은 출판사나 구입하신 서점에서 교환해 드립니다.